kosmos Naturführer

Blumen in Wald und Flur

Aichele / Schwegler

Blumen in Wald und Flur

464 Blütenpflanzen auf 480 Farbfotos

Kosmos
Gesellschaft der Naturfreunde
Franckh'sche Verlagshandlung
Stuttgart

480 Farbfotos von D. und O. Aichele (419), R. Aichele (12), F. Büttner (1), E. Garnweidner (1), R. König (5), H. E. Laux (7), T. Marktanner (2), H. Reinhard (5), J. Schimmitat (5), P. Schönfelder (12), H. Schrempp (7), W. Schubert (2) und K. F. Wolfstetter (2)
Mit 80 Farbzeichnungen und 96 Schwarzweiß-Zeichnungen (Fachausdrücke im Bild) von Marianne Golte-Bechtle

Das Bild auf S. 1 zeigt Wiesen-Primeln (*Primula veris*). Aufnahme H. Reinhard
Das Bild auf den S. 2 und 3 zeigt eine Wiese mit Scharfem Hahnenfuß (*Ranunculus acris*), Löwenzahn (*Taraxacum officinale*), Roten Nachtnelken (*Silene dioica*) und Vergißmeinnicht (*Myosotis*). Aufnahme U. Schneiders

Umschlag von Kaselow Design unter Verwendung einer Aufnahme von Ernst Elfner/Angermayer. Das Bild zeigt Klatsch-Mohn (*Papaver rhoeas*) und Kornblumen (*Centaurea cyanus*)

Autoren:
Dr. Dietmar und Renate Aichele
Dr. Heinz-Werner und Anneliese Schwegler

Franckh'sche Verlagshandlung, W. Keller & Co., Stuttgart / 1987

L 14 He / ISBN 3-440-05729-1
Printed in Germany /
Imprimé en Allemagne
Satz: G. Müller, Heilbronn
Herstellung: Sellier Druck, Freising

CIP-Kurztitelaufnahme der Deutschen Bibliothek

Blumen in Wald und Flur :
464 Blütenpflanzen auf 480 Farbfotos / Aichele ; Schwegler. –
Stuttgart : Franckh, 1987.
(Kosmos-Naturführer)
ISBN 3-440-05729-1
NE: Aichele, Dietmar [Mitarb.]

Vorwort

Dieses Bestimmungsbuch soll im Gelände benutzt werden. Es paßt in Taschen einer Wanderjacke ebenso wie in die Außentasche eines Rucksacks, und vor allem ist es leicht. Dennoch enthält es mit über 460 auffälligen Blütenpflanzen die meisten Arten, die in Mitteleuropa verbreitet anzutreffen sind.
Die Identifikation einer gefundenen Pflanze erfolgt anhand der Fotos. Sie sind nach der Blütenfarbe zu Gruppen zusammengefaßt. Innerhalb der Farbgruppen sind die Arten nach Blütenblattzahl und Blütenbau geordnet. Die jeweils erste Gruppe umfaßt Pflanzen mit bis zu 4 Blütenblättern, die zweite solche mit 5, die dritte mit mehr Blütenblättern. In diese Gruppe haben wir auch die Korbblütengewächse eingereiht; deren Blüten hält der Nichtfachmann meist für Blütenblätter. Die vierte Gruppe umfaßt Pflanzen, deren Blüten zweiseitig symmetrisch sind. Am Schluß jeder Farbgruppe sind auffällig blühende Sträucher und Zwergsträucher aufgeführt; sie sind nach demselben Schema angeordnet. Eine kurze Beschreibung (**B**) und knappe Angaben zu Standort und Verbreitung (**SV**) sichern die Identifikation.
Wer Ausführliches über heimische Wildpflanzen wissen will, erfährt dies aus den KOSMOS-Naturführern „Was blüht denn da?" und „Was grünt und blüht in der Natur?" Für den Freund der Alpen mit ihrer sehr eigenständigen Vegetation gibt es den Kosmos-Naturführer „Blumen der Alpen".

Hinweise zur Benutzung des Buches

Das Kernstück dieses Buches ist der Bild/Text-Teil. Hier sind auf jeder der 80 Doppelseiten 6 verschiedene Pflanzen abgebildet. So ist ein sehr kompaktes und dennoch handliches und übersichtliches Konzentrat der häufigsten und auffälligsten einheimischen Blütenpflanzen entstanden.
Die Handlichkeit ergibt sich aus der geringen Seitenzahl, die leicht und schnell zu überblättern ist, sowie aus der regelmäßigen Anordnung und der stets gleichen Größe der Abbildungen, die aufgrund ihrer Seitenrandlage auch beim einhändigen Durchblättern stets zur Gänze überblickbar sind.
Der Übersichtlichkeit dient die Untergliederung nach der **Haupt**blütenfarbe der Blumen.

Wir unterscheiden:

Der rasche Zugang zu jeder dieser Untergruppen wird durch die farbige Griffmarke am Seitenrand gewährleistet.

Wir bestimmen eine Pflanze

Unsere langjährigen Erfahrungen in der Jugend- und Erwachsenenbildung haben uns gelehrt, daß auch der wenig Geübte schon allein über die Auswahl nach der Blütenfarbe durch einfaches Suchblättern im entsprechenden Bereich (hier etwa 25 Doppelseiten) sehr rasch zum gewünschten Identifizierungserfolg gelangt. Da Pflanzen mit ähnlichen Blütenformen in Gruppen hintereinander angeordnet wurden, können sehr viele Seiten flüchtig überflogen werden. Erst wenn die Ähnlichkeit der Abbildungen mit der gesuchten Blume zunimmt, beginnt der sorgfältigere Vergleich. So wird eine unbekannte Pflanze meist schon in Minutenschnelle „entlarvt".
Der Geübte kann sich die Suche dadurch noch vereinfachen und erleichtern, daß er von vorneherein den Blütenbau als zweites Auswahlkriterium mit einbezieht. Damit wird das zu durchforschende Doppelseitenpäckchen wesentlich kleiner.
Innerhalb einer jeden Farbgruppe sind die Blütenformgruppen immer in derselben Reihenfolge ausgegliedert und durch Symbole klar gekennzeichnet. Wir unterscheiden (in der Reihenfolge von vorn nach hinten):

Pflanzen mit strahlig-symmetrischen Blüten und bis zu 4 Blütenblättern (Hier sind vor allem die Kreuzblütengewächse, doch auch andere Arten wie Mohn, Weidenröschen oder Ehrenpreis zu finden).

Pflanzen mit strahlig-symmetrischen Blüten und 5 Blütenblättern (sie stellen die Hauptmasse der Blumen. Am Anfang stehen stets die Pflanzen mit freien, unverwachsenen Blütenblättern, wie Hahnenfuß, Nelken und Fingerkraut; dahinter schließen sich Pflanzen an, deren Blütenblätter bis auf die Zipfel (5!) verwachsen sind; Beispiel: Primel, Enzian, Glockenblume).

Pflanzen mit strahlig-symmetrischen Blüten und mehr als 5 Blütenblättern (hierzu haben wir an das Ende stets die Korbblütler gestellt, deren Blütenstand vom Laien meist als eine Einzelblüte angesehen wird; Beispiel: Gänseblümchen, Löwenzahn, Silberdistel).

Pflanzen mit zweiseitig-symmetrischen Blüten. Hierbei spielt die Blütenblattzahl keine Rolle (die Blüten sind eindeutig durch einen hochgewölbten Helm, eine Ober- oder/und Unterlippe, einen Sporn, oder auch ein einzelnes vergrößertes Blütenblatt zweiseitig gestaltet: Orchideentyp, Lippenblütentyp, Schmetterlingsblütentyp, Veilchentyp u. a.)

Als Zusatz steht am Ende jeder Farbgruppe eine kleine Auswahl von Holzgewächsen (Bäume und Sträucher), die auffällige Blüten tragen. Diese Gruppe ist durch graue Rasterung von den krautigen Pflanzen abgesetzt.

Damit ergibt sich folgende Feineinteilung
(zugleich) Bestimmungsschlüssel

Bestimmungsschlüssel

Blütenfarbe Gelb

Krautige Pflanzen	
Blüten strahlig symmetrisch	
weniger als 5 Blütenblätter	S. 24– 29 (3 Doppelseiten)
5 Blütenblätter	S. 30– 43 (7 Doppelseiten)
mehr als 5 Blütenblätter	S. 44– 55 (6 Doppelseiten)
Blüten zweiseitig symmetrisch	S. 56– 67 (6 Doppelseiten)
Bäume oder Sträucher	S. 68– 71 (2 Doppelseiten)

Blütenfarbe Rot

Krautige Pflanzen	
Blüten strahlig symmetrisch	
weniger als 5 Blütenblätter	S. 72– 75 (2 Doppelseiten)
5 Blütenblätter	S. 76– 89 (7 Doppelseiten)
mehr als 5 Blütenblätter	S. 90– 97 (4 Doppelseiten)
Blüten zweiseitig symmetrisch	S. 98–113 (8 Doppelseiten)
Bäume oder Sträucher	S. 114–117 (2 Doppelseiten)

Blütenfarbe Blau

Krautige Pflanzen	
Blüten strahlig symmetrisch	
weniger als 5 Blütenblätter	S. 118–123 (3 Doppelseiten)
5 Blütenblätter	S. 124–133 (5 Doppelseiten)
mehr als 5 Blütenblätter	S. 134–137 (2 Doppelseiten)
Blüten zweiseitig symmetrisch	S. 138–147 (5 Doppelseiten)
Bäume oder Sträucher	– nicht vertreten –

Blütenfarbe Grün oder Braun

Krautige Pflanzen	
Blüten strahlig symmetrisch	
weniger als 5 Blütenblätter	S. 148–153 (3 Doppelseiten)
5 Blütenblätter	S. 154–155 (1 Doppelseite)
mehr als 5 Blütenblätter	– nicht vertreten –
Blüten zweiseitig symmetrisch	S. 156–159 (2 Doppelseiten)
Bäume oder Sträucher	S. 160–161 (1 Doppelseite)

Blütenfarbe Weiß

Krautige Pflanzen	
Blüten strahlig symmetrisch	
weniger als 5 Blütenblätter	S. 162–165 (2 Doppelseiten)
5 Blütenblätter	S. 166–175 (5 Doppelseiten)
mehr als 5 Blütenblätter	S. 176–179 (2 Doppelseiten)
Blüten zweiseitig symmetrisch	S. 180–181 (1 Doppelseite)
Bäume oder Sträucher	S. 182–183 (1 Doppelseite)

Dies sind nun 23 Untergruppen, deren größte 48 und deren kleinste 6 Pflanzen umfaßt.

Hinweis zur Bestimmungstechnik

Jede einzelne Blüte hat ihre individuelle Lebensgeschichte. Ihre Form und Farbe werden bestimmt durch das Erbgut, das sie in der Regel unverändert von ihren Vorfahren übernommen hat. Der Grad der äußerlichen Ausprägung des Erbguts aber ist in gewissen Grenzen (Variationsbreite) von der Umwelt abhängig.
So wird es immer Individuen (oder nur einzelne Bereiche von Individuen) geben, die etwas von der allgemeinen Norm abweichen: Zweiseitig symmetrische Blüten werden strahlig ausgebildet (sog. Pelorien); die Zahl der Blütenblätter ist vermindert oder vermehrt. Die arteigentümliche Blütenfarbe wird nicht ausgebildet, die Blüten sind weiß (Albinismus); die weiße Blüte wird durch Kälteeinfluß äußerlich rot oder bläulich; die frisch aus der Knospe entfaltete Blüte sieht erst grünlich-weiß aus, erst einen Tag später bekommt sie die arttypische rote Farbe, die dann beim Verblühen noch in Blau umschlägt; gelbe Blüten können beim Absterben sogar ein tiefes Braun annehmen.

Bestimmungsbeispiel

Auf einer Mähwiese findet man im Juni ganze Büschel eines Krautes mit aufgebogenen vierkantigen Stengeln und Ästen, deren schmallängliche, spitze Blätter stockwerkartig in Quirlen zu 7–8 zusammenstehen. Die kleinen weißen Blüten stehen büschelig gehäuft und zu einer reichblütigen Rispe vereinigt an allen Stengel- und Astenden. Sie sind strahlig ausgebreitet und tragen 4 längliche, spitze Zipfel.

Man stellt also folgende Daten fest: Blütenfarbe weiß; Kraut; strahlige Blüten; 4, d.h. weniger als 5 Blütenblätter. Nach der Tabelle auf S. 7 ermittelt man als Seitenzahlen: 162–165.
Auf der Doppelseite 162/163 findet man weder die reichhaltigen Blütenbüschel noch die spitzen Blütenzipfel. Auch die Pflanzen der Seite 164 haben alle abgerundete Blütenblätter.
Dagegen bietet die Seite 165 drei Bilder von großer Ähnlichkeit. Bei genauerem Hinsehen entscheidet man sich wegen der Blattform und der Blütenvielfalt für die Abbildung unten. Die Beschreibung im Text gibt die letzte Gewißheit: es handelt sich um das Wiesen-Labkraut.

Neben diesem Wiesen-Labkraut wächst auf demselben Standort eine weitere Pflanze mit ebenfalls kantigem Stengel, aber einpaarig gefie-

Man kann solche Phänomene zwar nicht überall, aber doch nicht allzu selten beobachten. Die Ursache kann in einer Änderung des Erbguts liegen (Mutation), auf Umwelteinflüssen beruhen (Modifikation), oder auch mit dem fortschreitenden Lebensprozeß zusammenhängen.
Man sollte deshalb möglichst mehrere Blüten und am besten von verschiedenen Individuen derselben Art untersuchen und sich nach den Eigenschaften der Mehrzahl richten. So schließt man „Spielarten" am ehesten aus. Meist wachsen ja am selben Standort mehrere Exemplare der gleichen Pflanze. Das Buch ist ja dafür geschaffen, daß es stets mitgeführt werden kann. Der wirkliche Naturfreund weiß auch, daß man für eine solche Untersuchung die Pflanzen oder ihre Blütenstengel nicht abzureißen braucht.
Bei der Blütenfarbe ist stets die Hauptfarbe der Blütenblätter erfragt. Also: Rote Blüte mit weißen Tupfen: Rot – Weiße Blüte mit rötlichen Adern: Weiß. Wegen möglicher Kältefarben (s. o.) gilt die Innenseite (Oberseite) der Blütenblätter. Sie sind manchmal gegen die Blütenmitte zu andersfarbig (Saftmale: Leitmarkierung für Bestäuber) oder ausgebleicht (vor allem wenn sie zu einer

derten und mit Ranken versehenen Blättern, die wechselständig sind. Aus den obersten Blattachseln entspringt jeweils eine langgestielte Traube mit gelben, wickenartigen Blüten, d.h. mit einem oberen, breit quergestelltem, je einem schmäleren seitlichen und einem kahnartig aufgebogenem, längs zusammengekniffenem, unterem Blütenblatt. Die Blüten sind also deutlich zweiseitig symmetrisch.

Man stellt also folgende Daten fest: Blütenfarbe gelb; Kraut; zweiseitig-symmetrische Blüten. Nach der Tabelle auf S. 7ermittelt man als Seitenzahlen: 56–67.
Nach einem ersten Durchblättern der 6 Doppelseiten kann man die letzten 3 sofort ausscheiden, da die Blütenform keine Ähnlichkeit aufweist. Auf der ersten Doppelseite zeigt nur die Abbildung links unten eine leichte Übereinstimmung, die jedoch nicht allzugroß ist. Wer Zweifel hat, kann aus dem Text herauslesen (**B**), daß die Pflanze ganz anders aufgebaut ist.
Es bleiben also noch die zwei Doppelseiten 58–61.
Bei näherem Hinsehen kann man alle Abbildungen ausscheiden, auf denen kleeartige oder vielfiedrige Blätter zu sehen sind und solche, bei denen die Blüten köpfchenartig, doldig oder spitztraubig einseitswendig angeordnet sind. Es bleibt die Abbildung auf S. 61, unten.
Damit ist die Pflanze als Wiesen-Platterbse identifiziert, der Text, der weitere Einzelheiten des Pflanzenbaus offenlegt, bestätigt dieses.

Kronröhre verwachsen sind): Auch diese Färbung am Blütengrund wird nicht beachtet.
In einigen seltenen Fällen gibt es „Zweifelsfarben". Dies gilt vor allem für violette (rot- oder blauviolett), orangefarbene (rotorange oder gelborange) und weißliche (grünweißlich, cremeweißlich) Blüten. Kommt man hier in der einen Farbgruppe nicht zum Ziel, versuche man es mit der anderen. Solche Fälle stellen aber wirklich nur Ausnahmen dar. Die wenigen typischen Beispiele dafür wurden schon berücksichtigt und sind bei allen infrage kommenden Farbgruppen doppelt (oder dreifach) vorhanden.

Bemerkungen zum Textteil

Der dem Raum entsprechend knapp gehaltene Text bei jeder Abbildung bringt doch zusammen mit den Symbolen eine große Menge an Zusatzinformation, die zum einen zur Bestätigung der Bestimmung dient und zum andern Wissenswertes vermitteln soll.
Er ist jeweils in 4 Blöcke gegliedert:

1. Namensblock
Er beginnt mit einem der gebräuchlichsten deutschen Namen für die Pflanze. Dann folgt der derzeit gültige wissenschaftliche Name (nach: „Liste der Gefäßpflanzen Mitteleuropas, 2. Aufl., herausgegeben von F. Ehrendorfer; Stuttgart 1973). Die Familienzugehörigkeit der Pflanze wird darauf, wiederum mit deutschem und nachfolgendem wissenschaftlichem Namen, angegeben. In einigen Fällen wurden althergebrachte wissenschaftliche Familiennamen zugunsten der international gültigen ersetzt. Hier haben wir die altvertrauten Bezeichnungen in Klammern hinter die regelgerechten Namen gesetzt.

2. Schnellinformationsblock
Die beiden Reihen sind, wie der Namensblock, mit der Hauptblütenfarbe unterlegt, bzw., bei den Holzgewächsen, grau gerastert. Die erste Reihe beginnt mit der **Hauptblütezeit** der Pflanze, angegeben in Monatsnamen. Dann folgt die durchschnittliche, normale **Wuchshöhe**, als letztes das Symbol für die **Wuchsform.**

Es bedeuten:

⊙ Einjähriges Kraut (Pflanze treibt aus und blüht in einem Jahr, dann stirbt sie ganz ab)
⊙ Zweijähriges Kraut (Pflanze treibt aus im 1. Jahr, blüht im 2. Jahr, dann stirbt sie ganz ab)
♃ Staude (krautige Pflanze, ausdauernd: treibt und blüht jedes Jahr neu aus unterirdischen Teilen – Knollen, Zwiebeln, Wurzelstöcke –, die oberirdischen Teile sterben jedes Jahr ab)
♄ Holzgewächs (Baum, Strauch), vieljährig, oberirdische Teile verholzen und bleiben erhalten.
(Jedes Jahr Neuaufstockung = Wachstum)

Die zweite Reihe beginnt mit dem Symbol der **Blütenform** (s. S. 6). Dann folgen die Symbole für das **Hauptvorkommen** (Standort). Es bedeuten:

Hauptvorkommen: **Unkrautfluren,** z.B. Äcker, Gärten, Weinberge, Wege, Ödland, Brache, Schuttplätze

Hauptvorkommen: **Grasland,** z.B. Wiesen, Weiden, Triften, Raine, Rasen, Matten

Hauptvorkommen: **Gehölze,** z.B. Laub-, Misch-, Nadelwaldforste, Auwälder, Hangwälder, Schluchtwälder, Bergwälder, Krummholz, Heiden, Gebüsche, Niederwald, Hecken, Waldsäume, Waldschläge

Hauptvorkommen: **Feuchtgebiete,** z.B. Gewässer, Ufer, Sümpfe, Feuchtwiesen, Moore

Hauptvorkommen: **Pioniergesellschaften,** z.B. Felsen, Blockhalden, Gesteinsschutt, Rutschhänge, Geröll, Schotter, Kies, Sand, Dünen, Mauern

Zusätzliche Symbole betreffen die **Giftigkeit**

Giftpflanze

Pflanze schwach giftig oder giftverdächtig

(Beim Fehlen der Symbole können eine spezielle Unverträglichkeit und individuelle Allergien einzelner Menschen dennoch gegeben sein. Eine allgemeine Warnung gilt der Aufnahme von Umweltgiften aller Art durch Pflanzen, die dadurch indirekt giftig sein können).

sowie die **Schutzwürdigkeit**.

▽ Pflanze schutzwürdig, steht unter Naturschutz oder ist lokal vom Aussterben bedroht (Pflanze der „Roten Liste")

Es muß dabei darauf hingewiesen werden, daß jedes mutwillige Zerstören von Pflanzenbeständen strafbar ist. Jedem Naturfreund sei die Schonung der gesamten Flora, ob nun geschützt oder nicht unter die Schutzgesetze fallend, eine selbstverständliche Pflicht.

3. Pflanzenbeschreibungsblock B
Hier erfolgt die Beschreibung der Pflanze durch einige charakteristische Merkmale. Eine solche Beschreibung kommt nicht ganz ohne botanische Fachausdrücke aus. Sie sind auf den nachfolgenden Seiten bildlich dargestellt.

4. Ökologieblock SV
Hier werden der Standort (**S**) etwas näher erläutert und auch Daten über besondere Boden- oder Klimaansprüche genannt. Die Verbreitung (**V**), vor allem das Fehlen in größeren Gebieten wird vermerkt, sowie Angaben zur Häufigkeit gemacht (sehr häufig – häufig – zerstreut – selten – sehr selten).

Fachausdrücke im Bild

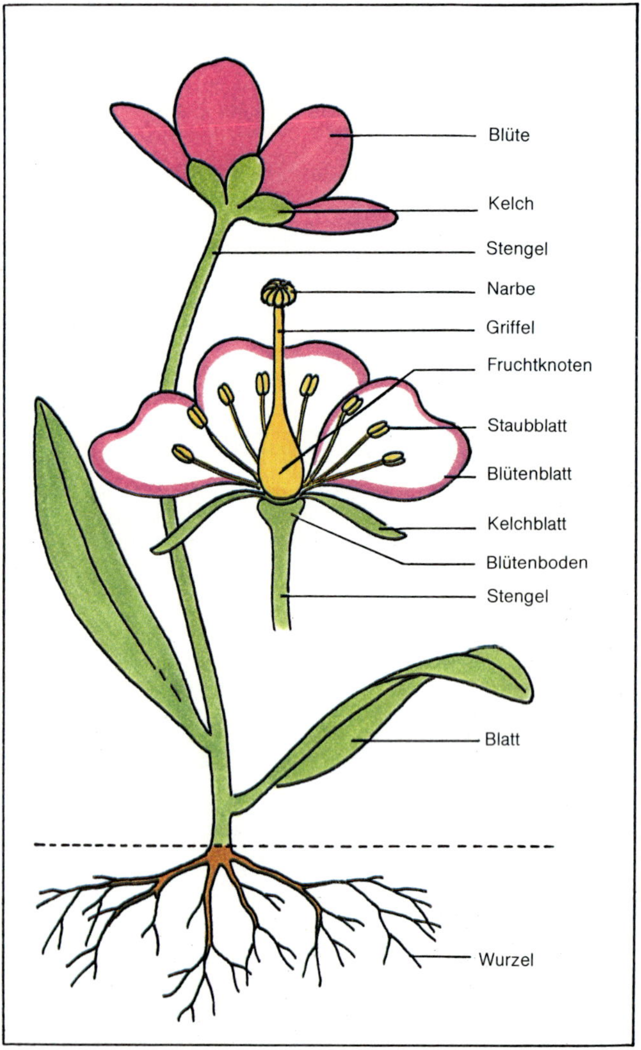

Blütenstände

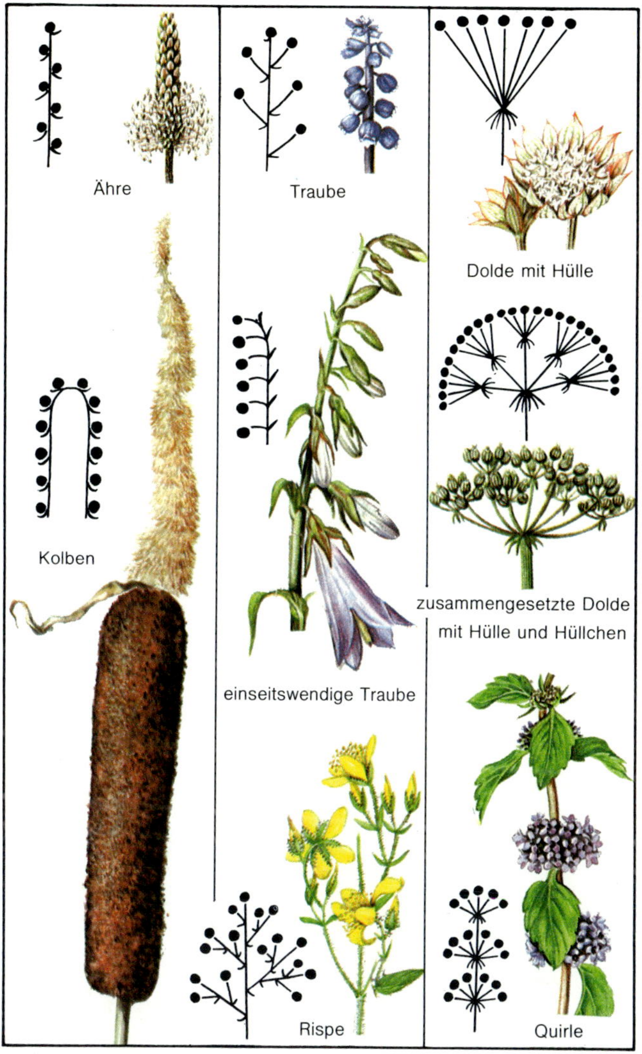

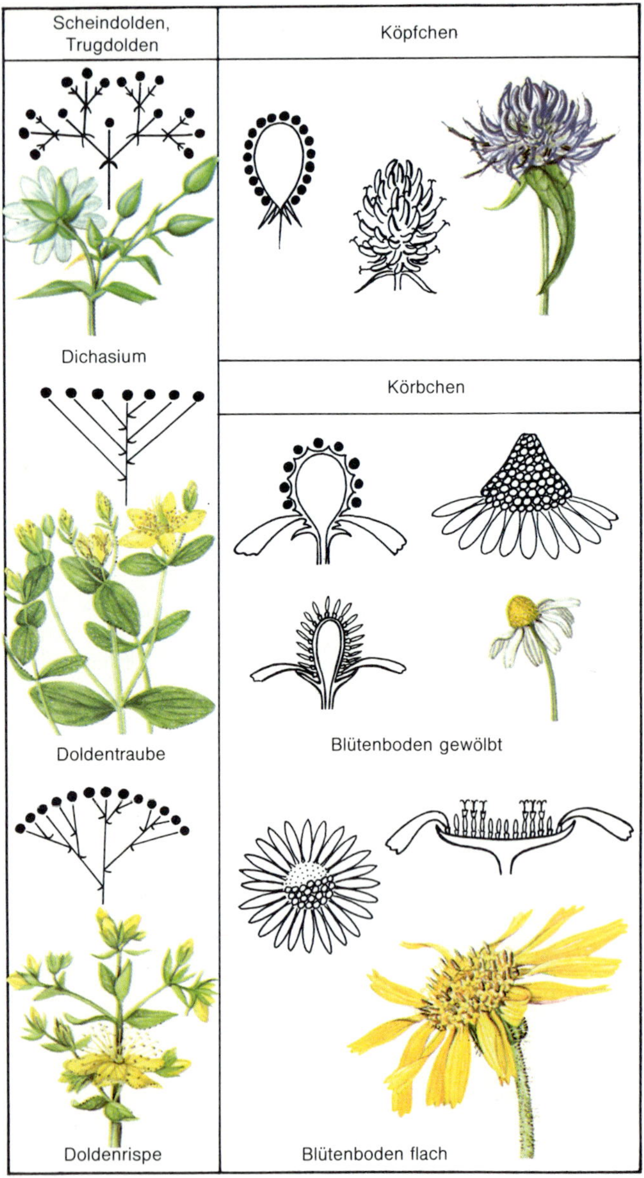
Scheindolden,
Trugdolden
Köpfchen
Dichasium
Körbchen
Doldentraube
Blütenboden gewölbt
Doldenrispe
Blütenboden flach

Blüte

zweiseitig symmetrisch
flach
Orchideenblüte
Leinkrautblüte
getrenntblättrig
Lippenblüten
Veilchen
glockig
Schmetterlingsblüte

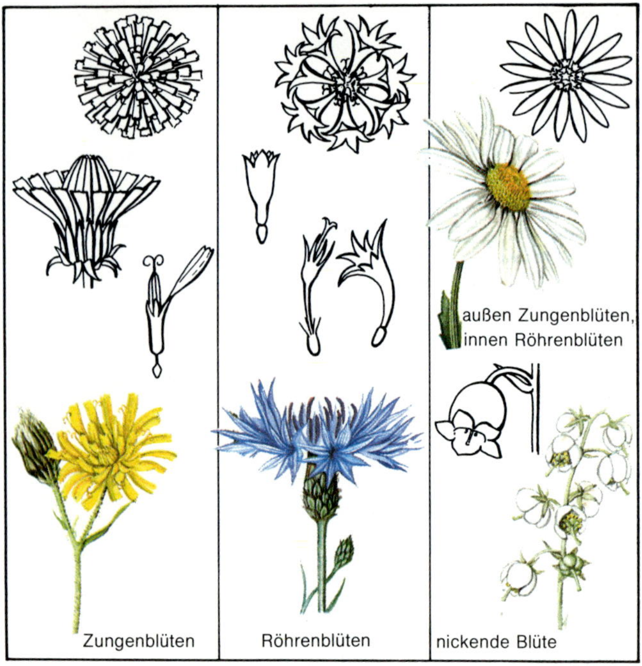
außen Zungenblüten,
innen Röhrenblüten
Zungenblüten
Röhrenblüten
nickende Blüte

Kelch

getrenntblättrig
bauchig
nervig
verwachsen
aufgeblasen
zweilippig

Blattspreite

pfeilförmig
gefingert
spießförmig
dreizählig
handförmig
handförmig gelappt
fiederschnittig /
schrotsägeförmig

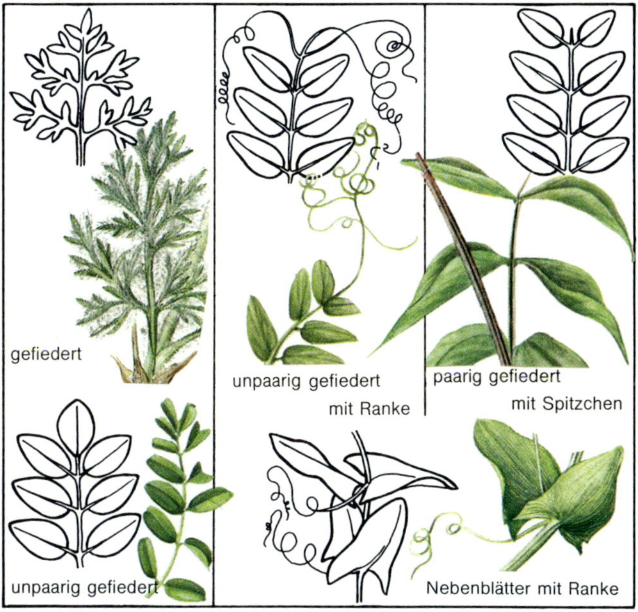
gefiedert
unpaarig gefiedert
mit Ranke
paarig gefiedert
mit Spitzchen
unpaarig gefiedert
Nebenblätter mit Ranke

Nervatur

fiedernervig
parallelnervig
netznervig

Blattrand

ganzrandig
gezähnt
gebuchtet
gesägt
gekerbt
doppelt gesägt
dornig gezähnt
schrotsägerandig

Blattstellung

Stengel

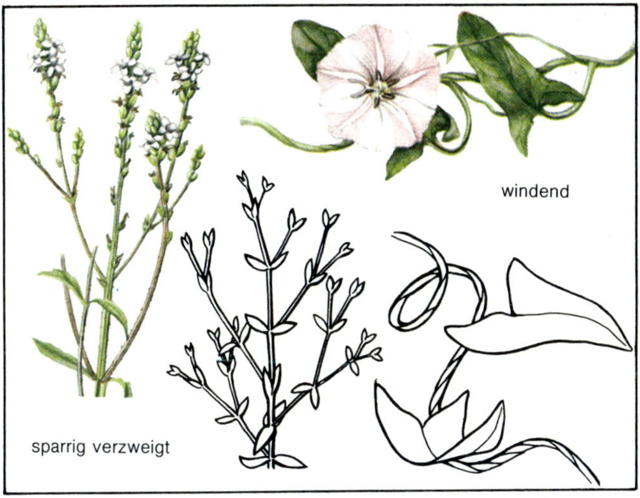

Unterirdische Pflanzenteile

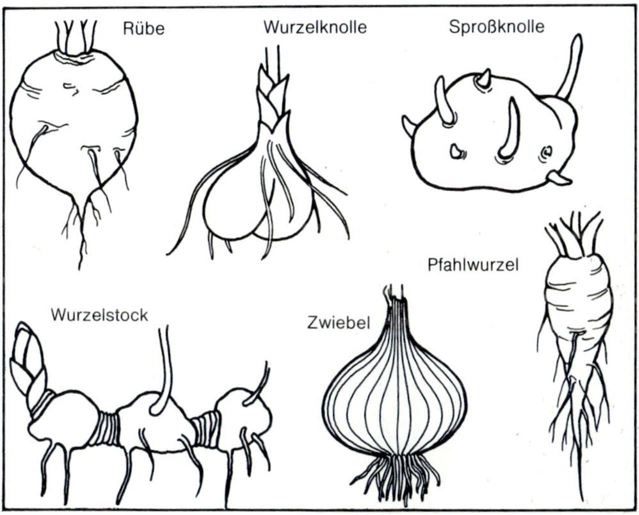

Schöllkraut
Chelidonium majus
Mohngewächse *Papaveraceae*
April – Okt. 30 – 100 cm ♃

B: Blüten in lockeren Dolden oder einzeln in den Blattachseln. Blätter fiederspaltig, gekerbt, unterseits blaugrün. Pflanze kahl oder zerstreut behaart, mit orangegelbem Milchsaft.
SV: Schuttplätze, Wege, Mauern, Zäune, Waldränder. Stickstoffzeiger. Häufig.

Weiße Zahnwurz *Dentaria enneaphyllos*
Kreuzblütengewächse
Brassicaceae (Cruciferae)
April – Juni 20 – 30 cm ♃

▽

B: Doldenartiger, endständiger Blütenstand mit nickenden, blaßgelben, 1 – 2 cm langen Blüten. Stengel schief aufrecht, unten blattlos, oben ein Quirl aus 3 – 4 kurzstieligen, 3zählig gefingerten Laubblättern.
SV: Wälder. Auf feuchten Mullböden. Ostalpengebiet. Zerstreut.

Acker-Senf *Sinapis arvensis*
Kreuzblütengewächse
Brassicaceae (Cruciferae)
Mai – Aug. 30 – 60 cm ⊙

B: Blüten in zunächst kurzer, später verlängerter Traube, 1 – 1,5 cm im Durchmesser. Kelchblätter waagrecht abstehend. Stengel aufrecht, verzweigt. Blätter oft stark buchtig. Frucht und Fruchtknoten länger als breit. (Vergl. S. 163, oben.)
SV: Äcker, Gärten, Ödland. Auf kalkhaltigen Böden. Sehr häufig.

Berg-Steinkraut *Alyssum montanum* Kreuzblütengewächse *Brassicaceae (Cruciferae)*

April – Juni 10 – 25 cm ♃

B: Dichte Traube mit goldgelben, um 5 mm breiten Blüten. Kelchblätter fallen früh ab. Stengel unten verholzt, vielästig. Blätter schmal, bis 2 cm lang, graufilzig, ganzrandig. Frucht abgeplattet, oval-rundlich, filzig.
SV: Felsen, Raine. Auf trockenwarmen, kalkreichen Böden. Selten.

Färber-Waid *Isatis tinctoria* Kreuzblütengewächse *Brassicaceae (Cruciferae)*

Mai – Juli 50 – 140 cm ⊙ – ♃

B: Blüten in verzweigten Trauben. Trauben am Ende doldig verbreitert. Stengelblätter blaugrün, kahl, meist ganzrandig, pfeilförmig stengelumfassend. Schötchen flach, geflügelt, vorn breiter, hängend.
SV: Bahnlinien, Weinberge, Felsen. Wärmeliebend. Zerstreut.

Echtes Barbarakraut *Barbarea vulgaris* Kreuzblütengewächse *Brassicaceae (Cruciferae)*

Mai – Juni 30 – 60 cm ♃

B: Erst kurze, später langgewachsene Trauben. Blütenblätter doppelt so lang wie der Kelch. Stengel meist aufrecht, ästig, kantig. Blätter fiederschnittig, obere ungeteilt, stengelumfassend. Frucht 4kantig, lang (Schote).
SV: Unkrautbestände. Auf feuchten, nährstoffreichen Böden. Häufig.

Wechselblättriges Milzkraut
Chrysosplenium alternifolium
Steinbrechgewächse
Saxifragaceae

März – Juni 8 – 15 cm ♃

B: Flacher, doldenartiger Blütenstand mit gelblichen Tragblättern und unscheinbaren Blüten. Stengel dreikantig, glasig, mit 1 – 3 wechselständigen, kurzstieligen, rundlichen, schwach gekerbten Blättchen.
SV: Waldbäche, nasse Bergwälder. Kalk ertragend. Örtlich häufig.

Gegenblättriges Milzkraut
Chrysosplenium oppositifolium
Steinbrechgewächse
Saxifragaceae

April – Juni 5 – 10 cm ♃

B: Flacher, doldenartiger Blütenstand mit gelblichen Tragblättern und unscheinbaren Blüten. Stengel 4kantig, glasig, mit gegenständigen, kurzstieligen, rundlichen, schwach gekerbten Blättchen. Viele Kriechsprosse.
SV: Waldbäche, nasse Bergwälder. Kalkmeidend. Zerstreut (Bergland).

Gelbe Resede *Reseda lutea*
Resedengewächse
Resedaceae

Mai – Okt. 30 – 60 cm ⊙ – ♃

B: Blüten stehen in einer dichten, oben pyramidenförmigen Traube. Blüten hellgelb. Blütenblätter tief geteilt. Stengel oft ästig, aufsteigend oder aufrecht. Obere Blätter tief 1 – 2fach fiederspaltig.
SV: Ödland, Schuttplätze, Bahndämme, Raine, Weinberge, Äcker. Kalkliebend. Zerstreut.

Aufrechtes Fingerkraut *Potentilla erecta* Rosengewächse *Rosaceae*

Juni – Okt. 15 – 30 cm ♃

B: Einzelne, gestielte Blüten in den Blattachseln, um 1 cm breit. Stengel niederliegend – aufrecht. Stengelblätter sitzend, 5zählig gefingert, Rand grob gesägt.
SV: Wälder, Heiden, Magerrasen, Flachmoore. Kalkscheu. Auf sauren, nährstoffarmen, zeitweilig gut feuchten Böden. Häufig. Alte Heilpflanze (Blutwurz, Tormentill).

Mandel-Wolfsmilch *Euphorbia amygdaloides* Wolfsmilchgewächse *Euphorbiaceae*

April – Mai 30 – 60 cm ♃

B: Traubenartiger Blütenstand mit gelblichen Tragblättern. Blüten unscheinbar, mit halbmondförmigen Drüsen am Hüllbecher. Stengel meist aufrecht. Unterer Stengelteil stammt vom Vorjahr, dicht beblättert, oben wenigblättrig. Weißer Milchsaft. (Siehe auch S. 152.)
SV: Wälder auf Kalkböden. Selten.

Warzen-Wolfsmilch *Euphorbia verrucosa* Wolfsmilchgewächse *Euphorbiaceae*

Mai – Juni 30 – 50 cm ♃

B: Doldenartiger Blütenstand mit gelblichen Tragblättern. Blüten unscheinbar, mit ovalen Drüsen am Hüllbecher. Kapsel dicht warzig. Blätter sitzend, länglich eiförmig, öfters fein gesägt. Pflanze führt viel weißen Milchsaft.
SV: Raine, Magerrasen, Gebüsche. Kalkhold. Nur im Süden. Zerstreut.

Sonnenwend-Wolfsmilch
Euphorbia helioscopia
Wolfsmilchgewächse
Euphorbiaceae

April – Okt. 5 – 30 cm ⊙

B: Doldenartiger Blütenstand mit meist 5 Hauptstrahlen. Blüten unscheinbar, mit oval-rundlichen Drüsen am Hüllbecher. Stengel aufrecht. Blätter spatelig, vorn fein gesägt. Pflanze führt weißen Milchsaft.
SV: Hackfruchtäcker, Gärten, Weinberge, Ödland. Sehr häufig.

Zypressen-Wolfsmilch *Euphorbia cyparissias* Wolfsmilchgewächse *Euphorbiaceae*

April – Mai 15 – 30 cm ♃

B: Doldenartiger, vielstrahliger Blütenstand. Blüten unscheinbar mit halbmondförmigen Drüsen am Hüllbecher. Kapsel fein punktiert. Blätter schmallineal, kaum 2 mm breit, bläulichgrün. Mit weißem Milchsaft.
SV: Raine. Magerwiesen, Gebüsche. Kalkhold, wärmeliebend. Häufig.

Kleine Wolfsmilch *Euphorbia exigua* Wolfsmilchgewächse *Euphorbiaceae*

Mai – Sept. 5 – 25 cm ⊙

B: Doldenartiger Blütenstand mit 3 – 5 Hauptstrahlen. Blüten unscheinbar, mit halbmondförmigen Drüsen am Hüllbecher. Stengel aufsteigend bis aufrecht. Blätter lineal, 1 – 4 mm breit, sitzend. Mit weißem Milchsaft.
SV: Äcker, Gärten, Schuttplätze. Auf kalkigen Lehmen. Zerstreut.

Gemeine Nachtkerze *Oenothera biennis* Nachtkerzengewächse *Onagraceae*

Juni – Aug. 60 – 100 cm ⊙

B: Reichblütige Ähre. Blüten über 3 cm breit. Kelchblätter schmal, zurückgeschlagen. Stengel aufrecht, oft unverzweigt. Blätter steiflich, länglich-eiförmig.
SV: Ufer, Wege, Bahndämme, Steinbrüche, Schuttplätze, Fabrik- und Hafenanlagen. Formenreich. Oft unbeständig. Zerstreut.

Kreuzlabkraut
Cruciata laevipes
Rötegewächse *Rubiaceae*

April – Juni 15 – 30 cm ♃

B: Blüten in blattachselständigen Quirlen, nur etwa 3 mm im Durchmesser, grünlichgelb bis gelb. Stengel vierkantig, meist aufrecht. Blätter zu 4 quirlständig, mit 3 Nerven. Ganze Pflanze kurzhaarig.
SV: Waldränder, Gebüsche, Wegränder. Feuchtigkeits- und stickstoffliebend. Häufig.

Echtes Labkraut *Galium verum*
Rötegewächse *Rubiaceae*

Juni – Okt. 15 – 60 cm ♃

B: Endständige, reichblütige Rispen. Blüten kaum 3 mm breit, wohlriechend. Stengel aufsteigend, rundlich, mit 4 Rippen. Blätter quirlständig, nadelförmig, stachelspitzig, Rand umgerollt.
SV: Raine, Magerwiesen, Trockenrasen, Dünen. Kalkhold. Auf sommerwarmen, sommertrockenen Böden. Häufig, in Hochlagen selten.

Große Mummel *Nuphar lutea*
Teichrosengewächse
Nymphaeaceae

Juni – Aug. 0,5 – 2,5 m ♃

B: Blüten einzeln auf langen, seilartigen Stielen, die im Grund verankert sind, 4 – 6 cm im Durchmesser. Blätter breiteiförmig, herzförmig eingeschnitten, 12 – 30 cm lang, schwimmend. Seitennerven am Blattrand unverbunden.
SV: Stehende oder langsam fließende, oft saure Gewässer. Meist bestandbildend. Selten.

Sumpf-Dotterblume *Caltha palustris* Hahnenfußgewächse *Ranunculaceae*

März – Juni 15 – 50 cm ♃

B: Lockerer, gabelig verzweigter Blütenstand. Blütenhülle einfach, bis 4 cm breit. Blüten und Blätter fettig glänzend. Blätter nierenförmig, fein gekerbt, obere sitzend, untere lang gestielt.
SV: Ufer, nasse Wälder und Wiesen, Sümpfe. Auf nährstoffreichen und grundwasserfeuchten Böden. Häufig.

Gelbes Windröschen *Anemone ranunculoides* Hahnenfußgewächse *Ranunculaceae*

März – April 15 – 30 cm ♃

B: Aus einem Hochblattquirl entspringen meist 2, selten nur 1 bzw. 3 – 4 gestielte Blüten. Blüten 1 – 2 cm im Durchmesser, außen flaumig behaart. Grundblätter handförmig dreiteilig.
SV: Auwälder, feuchte Laubwälder, Ufergehölze. Bevorzugt mull- und kalkreiche Lehmböden. Zerstreut.

Goldschopf-Hahnenfuß
Ranunculus auricomus
Hahnenfußgewächse
Ranunculaceae
März – Mai 15 – 30 cm ♃

B: Lockerer, schwach gabeliger Blütenstand. Blüten 1 – 2 cm breit, Blütenblätter oft verkümmert. Stengel aufrecht. Sitzende, tief geteilte Stengel- und gestielte, breit gelappte Grundblätter.
SV: Wälder, Gebüsche, Bachgehölz. Auf kalkhaltigen, grundwasserfeuchten Lehmböden. Häufig.

Acker-Hahnenfuß *Ranunculus arvensis* Hahnenfußgewächse *Ranunculaceae*
Mai – Juli 30 – 60 cm ⊙

B: Lockerer, rispiger Blütenstand mit nur wenigen gleichzeitig offenen Blüten. Blüten 8 – 15 mm im Durchmesser. Stengel aufrecht oder aufsteigend. Stengelblätter in schmale Zipfel zerteilt. Früchte auffällig stachelig.
SV: Getreideäcker, Wege, Schuttplätze. Auf Lehm. Zerstreut.

Scharfer Hahnenfuß *Ranunculus acris* Hahnenfußgewächse *Ranunculaceae*
Mai – Juli 30 – 100 cm ♃

B: Lockere Rispe. Blüten 1 – 2 cm breit; Kelchblätter ausgebreitet, Blütenstiele ungefurcht. Stengel aufrecht. Blätter gestielt, handförmig gespalten, obere sitzend, weniger geteilt, schmalzipflig.
SV: Mäßig feuchte Wiesen und Weiden. Auf nährstoff(stickstoff)reichen Lehmböden. Sehr häufig.

Knolliger Hahnenfuß *Ranunculus bulbosus* Hahnenfußgewächse *Ranunculaceae*

Mai – Juli 15 – 30 cm ♃

B: Armblütige Rispe. Blüten 1 – 2 cm im Durchmesser, Kelchblätter zurückgeschlagen, dem Stengel anliegend. Stengel im Boden knollig verdickt. Grundblätter dreizählig oder doppelt dreizählig, Mittellappen gestielt.
SV: Trockenwiesen, Raine, Wegränder. Auf Lehm. Zerstreut.

Kriechender Hahnenfuß *Ranunculus repens* Hahnenfußgewächse *Ranunculaceae*

Mai – Aug. 15 – 50 cm ♃

B: Blüten einzeln aus den Blattachseln, auf langen, rinnigen Stielen. Stengel meist aufsteigend. Oberirdische Ausläufer. Blätter 3lappig, Lappen fiederteilig, mittlerer gestielt.
SV: Ufer, Auwälder, Wegränder, nasse Wiesen, Äcker und Gärten. Auf fetten Lehmböden. Häufig.

Gift-Hahnenfuß *Ranunculus sceleratus* Hahnenfußgewächse *Ranunculaceae*

Mai – Juli 15 – 50 cm ⊙

B: Blüten und Knospen am Ende der Rispenäste gehäuft. Blüten kaum 1 cm im Durchmesser, hellgelb. Kelchblätter zurückgeschlagen, meist früh abfallend. Stengel hohl. Blätter fleischig, dreiteilig, Fruchtstand walzlich.
SV: Ufer, Gräben, Schlamm. Nährstoffliebend. Selten.

Wolliger Hahnenfuß *Ranunculus lanuginosus* Hahnenfußgewächse *Ranunculaceae*

Mai – Juni 30 – 100 cm ♃

B: Lockere Rispe. Blüten 3 – 4 cm breit. Stengel aufrecht. Blätter 5lappig, Lappen breit, eiförmig, gesägt. Ganze Pflanze dicht abstehend behaart, unten zottig.
SV: Feuchtschattige Wälder, Gebüsche, Bachgehölze. Auf grundwasserfeuchten, kalk- und nährstoffreichen Lehmböden. Zerstreut.

Zungen-Hahnenfuß *Ranunculus lingua* Hahnenfußgewächse *Ranunculaceae*

Juni – Aug. 40 – 150 cm ♃

B: Lockere Rispe. Blüten langgestielt, 2,5 – 3,5 cm im Durchmesser. Stengel dicklich, aufrecht. Blätter ungeteilt, lineal-lanzettlich, grasartig.
SV:: Röhricht stehender oder langsam fließender Gewässer, auf nährstoffreichen Schlammböden. Selten, im Norden zerstreut.

Brennender Hahnenfuß *Ranunculus flammula* Hahnenfußgewächse *Ranunculaceae*

Juli – Okt. 15 – 50 cm ♃

B: Lockere Rispe. Blüten langgestielt, um 1 cm breit. Stengel dicklich, niederliegend – aufrecht. Blätter ungeteilt, schmal-lanzettlich, oft löffelartig, mittlere und untere langstielig.
SV: Nasse, offene, grasig-moosige Stellen. Meist auf sauren, nährstoffarmen Böden. Häufig.

Scharfe Fetthenne *Sedum acre*
Dickblattgewächse *Crassulaceae*
Juni – Aug. 5 – 15 cm ♃

B: Wenigblütiger, doldiger Blütenstand. Blüten um 1 cm im Durchmesser; Blütenblätter spitz. Stengel kriechend oder aufsteigend. Blätter dickfleischig, oberseits flach, im Umriß eiförmig, scharf pfeffrig schmeckend (wenig kauen, nicht schlucken!).
SV: Mauern, Bahnschotter, steinige Rasen. Auf Kalk. Zerstreut.

Echte Nelkenwurz
Geum urbanum
Rosengewächse *Rosaceae*
Juni – Okt. 25 – 70 cm ♃

B: Lockere Rispe. Blütenblätter kaum länger als der Kelch. Stengel aufrecht. Laubblätter unterbrochen gefiedert, obere eher handförmig geteilt, sitzend. Hakige Früchtchen in Schöpfen.
SV: Wälder, Wege, Schuttstellen. Auf feuchten, nährstoffreichen Böden. Häufig, in Hochlagen selten. Heilpflanze (Benediktenkraut).

Gold-Fingerkraut
Potentilla aurea
Rosengewächse *Rosaceae*
Juni – Aug. 5 – 20 cm ♃

B: Blüten in wenigblütigen Rispen. Blüten 1,5 – 2 cm im Durchmesser. Stengel aufgebogen oder aufrecht. Blätter 5zählig gefingert, manche Stengelblätter nur 3zählig. Teilblättchen vorn gezähnt, am Rand auffällig seidig behaart.
SV: Magerrasen. Nur in Höhen zwischen 1000 – 2400 m. Zerstreut.

Frühlings-Fingerkraut *Potentilla verna* Rosengewächse *Rosaceae*
März – Mai 5 – 15 cm ♃

B: Viele wenigblütige Rispen. Blüten 1 – 2 cm breit. Wuchs rasig. Stengel kriechend-aufsteigend. Blätter gefingert, 5 – 7zählig, Teilblättchen gezähnt. Formenreich; Behaarung sehr variabel.
SV: Sonnige Raine, trockene Triften, sandige Halden. Kalkhold, wärmeliebend. Häufig, in höheren Lagen sehr selten.

Kriechendes Fingerkraut
Potentilla reptans
Rosengewächse *Rosaceae*
Mai – Aug. 30 – 60 cm ♃

B: Blüten einzeln in den Blattachseln, 1,5 – 2,5 cm im Durchmesser, lang gestielt. Stengel kriechend, an den Knoten wurzelnd. Blätter handförmig 3 – 5zählig. Teilblättchen länglich-eiförmig, gesägt, unterseits behaart.
SV: Wegränder, Mauern, Schutt, Ufer, feuchte Wiesen. Häufig.

Gänse-Fingerkraut
Potentilla anserina
Rosengewächse *Rosaceae*
Mai – Juli 15 – 50 cm ♃

B: Blüten einzeln, langgestielt, um 2 cm breit. Stengel kriechend – aufsteigend. Blätter unpaarig gefiedert: 9 – 21 längliche, gesägte, unterseits weiß seidig behaarte Teilblättchen.
SV: Wegränder, Bahndämme, Strandwiesen, Weiden, Schuttstellen. Auf warmen, stickstoffreichen, lehmigen Böden. Salzhart. Häufig.

Kleiner Odermennig
Agrimonia eupatoria
Rosengewächse *Rosaceae*
Juni – Aug. 30 – 100 cm ♃

B: Zahlreiche Blüten stehen in einer langen, ährenförmigen Traube. Ihr Durchmesser liegt bei 1 cm. Stengel aufrecht, rauhhaarig. Blätter unpaarig gefiedert. Teilblättchen gesägt. Frucht hakend.
SV: Wegraine, Böschungen, Hekken, Waldränder. Wärmeliebend. Fehlt über 1000 m. Zerstreut.

Steifer Sauerklee *Oxalis fontana*
Sauerkleegewächse *Oxalidaceae*
Juni – Sept. 10 – 30 cm ⊙ – ♃

B: Blütenstände doldenartig: 1 – 6, oft ungleich lang gestielte Blüten an gemeinsamem Ast aus den Blattachseln. Stengel aufrecht. Blätter dreizählig, kleeartig. Fruchtkapseln kantig, aufrecht.
SV: Äcker, Gärten, Wege, Schuttstellen. Wärmeliebend. Auf meist kalkarmen, nährstoffreichen Böden. Häufig (bis ins Bergland).

Gelbes Sonnenröschen
Helianthemum nummularium
Zistrosengewächse
Cistaceae
Juli – Okt. 15 – 30 cm ♃

B: Wenigblütige, endständige Traube. Blüten 2 – 2,5 cm im Durchmesser. Stengel niederliegend oder aufgebogen, am Grund holzig. Blätter gegenständig, ganzrandig, schmal elliptisch.
SV: Magerrasen, Raine, lichte Gebüsche, Trockenwälder. Auf Kalkböden. Wärmeliebend. Zerstreut.

Niederliegendes Hartheu
Hypericum humifusum Hartheugewächse *Hypericaceae*

Juni – Sept. 5 – 15 cm ⊙ – ♃

B: Wenigblütige Rispen. Blüten bis 1,5 cm breit. Stengel dünn, kriechend, verzweigt, Enden aufgebogen. Blätter gegenständig, länglicheiförmig. Pflanze kahl.
SV: Wälder, Äcker, Ufer, Wege, Magerrasen, Brachland. Auf gut durchfeuchteten, kalkarmen Böden. Zerstreut, im Norden selten.

Rauhes Hartheu *Hypericum hirsutum* Hartheugewächse *Hypericaceae*

Juni – Aug. 30 – 100 cm ♃

B: Blüten in lockerer Rispe, um 2 cm breit. Blütenblätter am Rand mit einigen, Kelchblätter mit vielen schwarzen Drüsen. Stengel aufrecht. Blätter gegenständig, ganzrandig, durchscheinend punktiert. Pflanze dicht kurzhaarig.
SV: Lichte Wälder, Kahlschläge, Waldränder. Zerstreut.

Berg-Hartheu *Hypericum montanum* Hartheugewächse *Hypericaceae*

Juni – Aug. 30 – 60 cm ♃

B: Doldenartiger, endständiger Blütenstand. Blüten um 2 cm breit; Kelchblätter am Rand mit schwarzen Drüsen. Stengel aufrecht, rundlich. Blätter gegenständig, eiförmig, am Grund herzförmig, ungestielt. Ganze Pflanze kahl.
SV: Trockene Gebüsche und Wälder. Auf nährstoff- und kalkreichen Böden mittlerer Lagen. Selten.

Kanten-Hartheu *Hypericum maculatum* Hartheugewächse *Hypericaceae*

Juni – Sept. 15 – 40 cm ♃

B: Lockere, nach oben etwas verbreiterte Rispe. Blüten um 2,5 cm breit. Blütenblätter und Kelchblätter schwarz punktiert. Stengel aufrecht. Blätter gegenständig, meist nicht durchscheinend punktiert. Pflanze kahl.
SV: Feuchte Wiesen, Bergwiesen. Auf eher sauren Böden. Zerstreut.

Flügel-Hartheu *Hypericum tetrapterum* Hartheugewächse *Hypericaceae*

Juli – Sept. 30 – 60 cm ♃

B: Dichte, doldenartige Rispe. Blüten 1,5 – 2,5 cm breit. Stengel aufrecht, mit 4 breiten, flügelartigen Leisten. Blätter gegenständig, schmal eiförmig, dicht durchscheinend getüpfelt. Pflanze kahl, schwarzdrüsig punktiert.
SV: Naßwiesen, Gräben, Ufer. Kalk- und nährstoffliebend. Zerstreut.

Tüpfel-Hartheu *Hypericum perforatum* Hartheugewächse *Hypericaceae*

Juni – Okt. 30 – 60 cm ♃

B: Doldenähnliche Rispe. Blüten um 2,5 cm im Durchmesser. Stengel aufrecht, mit 2 niedrigen Längsleisten. Blätter gegenständig, durchscheinend punktiert.
SV: Lichte Wälder, Kahlschläge, Eisenbahnschotter, Raine, Magerrasen. Auf Böden unterschiedlicher Reaktion. Sehr häufig.

Schönes Hartheu *Hypericum pulchrum* Hartheugewächse *Hypericaceae*

Juli – Sept. 15 – 50 cm ♃

B: Schmale, lockere Rispe. Blüten etwa 2 cm breit. Kelch- und Blütenblätter am Rand mit schwarzen Drüsen. Stengel aufrecht, rundlich. Blätter gegenständig, stumpf dreieckig-herzförmig. Pflanze kahl, bläulich(rot).
SV: Wälder, Lichtungen, Heiden. Auf sauren, mageren Böden. Zerstreut.

Sichel-Hasenohr *Bupleurum falcatum* Doldengewächse *Apiaceae (Umbelliferae)*

Juni – Aug. 20 – 100 cm ♃

B: Viele kleine, unscheinbare Blüten stehen in einer zusammengesetzten Dolde mit 4 – 10 Hauptstrahlen. Meist 5 Hüllchenblätter, Hüllblätter 1 – 3 oder fehlend. Stengel aufrecht, bogig. Blätter ganzrandig, sehr schmal.
SV: Trockenwälder, Trockenrasen. Kalk- und wärmeliebend. Selten.

Gemeiner Pastinak *Pastinaca sativa* Doldengewächse *Apiaceae (Umbelliferae)*

Juli – Sept. 30 – 100 cm ⊙ – ⊙

B: Zusammengesetzte Dolde mit 5 – 20 Strahlen. Hülle und Hüllchen verkümmert. Blüten goldgelb. Stengel aufrecht, rillig, behaart. Blätter grob einfach bis doppelt gefiedert, Fiedern sägezähnig.
SV: Wiesen, Wegränder, Schuttstellen, Bahndämme. Wärme- und stickstoffliebend. Zerstreut bis häufig.

Wiesen-Primel *Primula veris*
Primelgewächse *Primulaceae*
März – April 10 – 25 cm ♃

B: Blütenstand einseitswendige, gedrungene Dolde. Blütenkrone ausgebreitet um 1,5 cm breit, eng glockig, goldgelb, innen mit orangeroten Flecken. Kelch bauchig. Blätter in einer Rosette, länglich-eiförmig, grob runzelig, gekerbt.
SV: Magerrasen, Gebüsche, lichte Wälder. Auf Kalkböden, örtlich bestandbildend. Häufig.

Wald-Primel *Primula elatior*
Primelgewächse *Primulaceae*
März – Mai 15 – 30 cm ♃

B: Blütenstand oft einseitswendige, eher lockere Dolde. Blütenkrone ausgebreitet um 2 cm breit, weit glockig bis flach, schwefelgelb. Blätter in einer Rosette, runzelig, gekerbt, kurzhaarig.
SV: Wälder, Gebüsche, feuchte Wiesen. Auf meist lehmigen, doch lockeren und feuchten Böden. Sehr häufig.

Strauß-Gilbweiderich
Lysimachia thyrsiflora
Primelgewächse *Primulaceae*
Mai – Juni 30 – 70 cm ♃

B: Blüten in blattachselständigen, walzlichen, gestielten Trauben. Blüten ziemlich klein, gelegentlich mit 6 Blütenblättern. Stengel aufrecht. Blätter kreuzgegenständig, rot punktiert, lanzettlich, ganzrandig.
SV: Röhricht, Sumpfwiesen, Ufer. Meist auf Schlamm im Überschwemmungsbereich. Selten.

Gemeiner Gilbweiderich
Lysimachia vulgaris
Primelgewächse *Primulaceae*
Juni – Aug. 60 – 130 cm ♃

B: Dichte Rispe, unten beblättert. Blüten bis 2 cm breit, Kelchzipfel rot gesäumt, drüsig bewimpert. Stengel aufrecht. Blätter gegen- oder quirlständig, eiförmig, bis 14 cm lang, ganzrandig.
SV: Nasse Wiesen und Wälder, Gräben, Ufer. Auf mäßig sauren Böden. Zerstreut, im Norden häufig.

Pfennig-Gilbweiderich
Lysimachia nummularia
Primelgewächse *Primulaceae*
Juni – Juli 5 – 50 cm ♃

B: Blüten einzeln in den Blattachseln, lang gestielt, etwa 1,5 cm breit, innen zuweilen rot punktiert. Stengel kriechend, wenig verzweigt. Blätter gegenständig, rundlich, 1 – 2 cm lang, ganzrandig.
SV: Wiesen, Gräben, Wegränder, feuchte Gebüsche. Auf Lehmböden. Etwas wärmeliebend. Häufig.

Hain-Gilbweiderich
Lysimachia nemorum
Primelgewächse *Primulaceae*
Mai – Aug. 10 – 30 cm ♃

B: Blüten einzeln, blattachselständig, gestielt; um 1 cm breit. Stengel aufsteigend, unten mit Sproßwurzeln. Blätter kreuzgegenständig, eiförmig, kurz gestielt, ganzrandig, bis 3 cm lang.
SV: Feuchte Wälder und Gebüsche, Waldbäche. Auf kalkarmen Böden. Zerstreut, in Tieflagen selten.

Gelber Enzian *Gentiana lutea*
Enziangewächse *Gentianaceae*
Juni – Aug. 40 – 140 cm ♃

B: 3 – 10 Blüten stehen büschelig gehäuft in den Achseln schalenförmiger Tragblätter am Stengelende in mehreren „Stockwerken“ übereinander. Blüten tief 5 – 6teilig, 3 – 4 cm lang. Stengel aufrecht. Blätter gegenständig, breiteiförmig, parallelnervig.
SV: Alpine Matten, lichte Bergwälder. Kalkliebend. Zerstreut.

Gemeiner Beinwell *Symphytum officinale* ssp. *bohemicum*
Borretschgewächse *Boraginaceae*
Mai – Sept. 30 – 100 cm ♃

B: Doldenartiger Blütenstand. Blüten nickend, schmalglockig, gelblichweiß. Stengel meist aufrecht. Blätter länglich eiförmig, deutlich am Stengel herablaufend. Ganze Pflanze rauhhaarig.
SV: Feuchtwiesen, Ufer, Gräben, Schuttstellen, Wälder. Feuchtezeiger. Zerstreut, oft unbeständig.

Bilsenkraut *Hyoscyamus niger*
Nachtschattengewächse *Solanaceae*
Juni – Okt. 30 – 80 cm ⊙ – ⊙

B: Blüten in Büscheln in den Achseln der Blätter, trichterförmig, 5lappig, schmutziggelb, violett geadert. Stengel aufrecht, oft verästelt. Blätter länglich, buchtig-fiederig, untere gestielt, obere sitzend. Pflanze klebrig-zottig behaart.
SV: Schuttplätze, Wege, Mauern. Stickstoffliebend. Sehr selten.

Schwarze Königskerze
Verbascum nigrum Braunwurzgewächse *Scrophulariaceae*
Juni – Sept. 30 – 100 cm ⊙

B: Dichte „rispige“ Traube, oft verzweigt. Blüten bis 2,5 cm breit, zu mehreren gebüschelt. Wollhaare der Staubfäden violett. Stengel aufrecht. Blätter länglich eiförmig, behaart.
SV: Ufer, Schuttstellen, Raine, Gebüsche. Braucht mineral- und nährstoffreiche Böden. Zerstreut.

Kleinblütige Königskerze
Verbascum thapsus
Braunwurzgewächse
Scrophulariaceae
Juli – Sept. 30 – 150 cm ⊙

B: Blüten in langer, dichter Traube, ausgebreitet 1,5 – 2,5 cm breit, oft nur halb offen. Staubfäden weißwollig. Stengel aufrecht. Blätter länglich, schwach gekerbt, herablaufend. Pflanze mit graugelblichem Haarfilz.
SV: Wege, Bahndämme, Ödland, Waldränder. Zerstreut.

Großblütige Königskerze *Verbascum densiflorum* Braunwurzgewächse *Scrophulariaceae*
Juli – Sept. 80 – 200 cm ⊙

B: Lange, dichte Traube. Blüten 3 – 4 cm breit. Staubfäden weißwollig. Stengel aufrecht. Blätter länglich, weit am Stengel herablaufend. Ganze Pflanze dicht mit graugelblichem Haarfilz bedeckt.
SV: Wege, Schuttstellen, Raine, Waldränder. Wärmebedürftig. Sehr zerstreut. Öfters in Gärten.

Simsenlilie
Tofieldia calyculata
Liliengewächse *Liliaceae*
Mai – Juli 10 – 30 cm ♃

B: Blüten in meist kurzer, endständiger Traube, um 1 cm breit, wegen der schmalen Blütenblätter unscheinbar. Stengel aufrecht, wenig beblättert. Grundblätter zweizeilig gestellt, grasartig.
SV: Moore, Sumpfwiesen, feuchte Magerrasen, überrieselte Felsen. Kalkgebirge und Alpen zerstreut.

Beinbrech *Narthecium ossifragum*
Liliengewächse *Liliaceae*
Juli – Aug. 10 – 30 cm ♃

B: Lange, endständige Traube. Blüten mit einfacher Hülle, außen grünlich. Stengel aufrecht, unverzweigt. Blätter grasartig, die grundständigen zweizeilig angeordnet, etwas fleischig-steif.
SV: Heidemoore, Zwergstrauchheiden im Meerklimabereich. Auf nassen, nährstoffarmen Torfböden. Nur im Nord(west)en. Zerstreut.

Wald-Goldstern *Gagea lutea*
Liliengewächse *Liliaceae*
März – April 10 – 30 cm ♃

B: Doldenartiger Blütenstand mit nur 2 – 10 Blüten, die um 2 cm im Durchmesser erreichen. Stengel bis auf die beiden schmalen Hochblätter, zwischen denen der Blütenstand entspringt, blattlos. Nur 1 grundständiges grasartiges Blatt, das 6 – 8 mm breit wird.
SV: Feuchte Laubwälder, Ufergehölze. Kalkliebend. Zerstreut.

Wasser-Schwertlilie *Iris pseudacorus* Schwertliliengewächse *Iridaceae*

Mai – Juli 60 – 100 cm ♃

B: Armblütige Traube. Blüten groß; 3 äußere Blütenblätter eiförmig, übergebogen, 3 innere kleiner, lineal, aufrecht. Stengel aufrecht. Grundblätter steif, schwertförmig, bis zu 3 cm breit.
SV: Ufer, Röhrichte, Feuchtgehölze. Auf nährstoffreichen Sumpfböden. Wärmebedürftig. Zerstreut.

Scharbockskraut *Ficaria verna* Hahnenfußgewächse *Ranunculaceae*

März – Mai 5 – 15 cm ♃

B: Blüten einzeln auf langen Stielen aus den Blattachseln, 2 – 2,5 cm im Durchmesser. Stengel hohl, niederliegend bis aufsteigend. Blätter wechselständig, stumpf herzförmig, schwach gekerbt, langstielig, glänzend.
SV: Feuchte Laubwälder, Gebüsche, Ufer, Wiesen. Auf nährstoffreichen Lehmböden. Sehr häufig.

Trollblume *Trollius europaeus* Hahnenfußgewächse *Ranunculaceae*

Mai – Juni 30 – 50 cm ♃

B: Blüten meist einzeln, langgestielt. 6 – 15 Blütenblätter bilden eine geschlossene Kugel von ca. 3 cm Breite. Stengel aufrecht. Blätter handförmig geteilt.
SV: Feuchtwiesen, Bergwiesen. Auf schwach sauren, mäßig nährstoffhaltigen Lehmböden. Selten. Im höheren Bergland etwas häufiger.

Gelbe Resede *Reseda lutea*
Resedengewächse
Resedaceae

Mai – Okt. 30 – 60 cm ⊙ – ♃

B: Blüten stehen in einer dichten, oben pyramidenförmigen Traube. Blüten hellgelb. Blütenblätter tief geteilt. Stengel oft ästig, aufsteigend oder aufrecht. Obere Blätter 1 – 2fach fiederspaltig.
SV: Ödland, Schuttplätze, Bahndämme, Raine, Weinberge, Äcker. Kalkliebend. Zerstreut.

Echte Goldrute *Solidago virgaurea* Korbblütengewächse
Asteraceae (Compositae)

Juli – Sept. 20 – 100 cm ♃

B: Einfache oder verzweigte Traube aus Blütenkörbchen: Randblüten zungenförmig, lang, schmal, innen Röhrenblüten. Stengel aufrecht. Blätter elliptisch, gesägt, die oberen eiförmig-lanzettlich.
SV: Wälder, Heiden, Raine, Dünen. Kalkhold. Auf sonnigen, nährstoffarmen Böden. Häufig.

Kanadische Goldrute *Solidago canadensis* Korbblütengewächse
Asteraceae (Compositae)

Aug. – Okt. 50 – 250 cm ♃

B: In einer schwach einseitswendigen, ausladenden Rispe stehen Hunderte von kleinen, etwa 5 mm langen Körbchen. Zungenblüten kaum länger als die Röhrenblüten. Stengel aufrecht, unten behaart. Blätter lanzettlich.
SV: Ödland, Ufer, Auwälder. Auf Lehmböden. Häufig.

Weiden-Alant *Inula salicina*
Korbblütengewächse
Asteraceae (Compositae)
Juli – Aug. 30 – 60 cm ♃

B: 1 – 5 gestielte Blütenkörbchen von 2 – 3 cm Breite. Außen viele lange Zungenblüten, innen Röhrenblüten. Stengel aufrecht. Blätter eiförmig, ganzrandig. Frucht und Fruchtknoten mit Haarkranz.
SV: Raine, Gebüsche, Feuchtwiesen. Auf kalkhaltigem Boden. Zerstreut, im Norden sehr selten.

Dürrwurz-Alant *Inula conyza*
Korbblütengewächse
Asteraceae (Compositae)
Juli – Sept. 30 – 80 cm ♃

B: In einem doldenartigen Gesamtblütenstand stehen zahlreiche Blütenkörbchen, die etwa 1 cm breit werden. Sie enthalten nur Röhrenblüten. Hüllblätter stechend spitz. Stengel rotbraun. Blätter länglich, unten flaumig.
SV: Waldränder, Lichtungen, Trockenrasen. Kalkliebend. Zerstreut.

Rindsauge *Buphthalmum salicifolium* Korbblütengewächse
Asteraceae (Compositae)
Juli – Aug. 15 – 50 cm ♃

B: Einzelne, endständige Blütenkörbchen, 3 – 6 cm breit. Außen viele schmale Zungenblüten, innen Röhrenblüten. Stengel aufrecht, oft unverzweigt. Blätter wechselständig, lanzettlich. Frucht ohne Haarkrone.
SV: Wälder, Gebüsche, Heiden, Magerrasen. Kalkzeiger. Im Süden zerstreut; fehlt im Norden.

Topinambur *Helianthus tuberosus*
Korbblütengewächse
Asteraceae (Compositae)
Aug. – Okt. 1 – 2,5 m ♃

B: Die 3 – 8 cm breiten Blütenkörbchen stehen einzeln am Ende des Stengels oder der Äste. Sie enthalten außen Zungen-, innen Röhrenblüten. Stengel aufrecht, wenig verzweigt. Untere Blätter gegenständig, obere wechselständig.
SV: Ufer, Ödland, Waldränder. Heimat Nordamerika. Zerstreut.

Großes Flohkraut *Pulicaria dysenterica* Korbblütengewächse
Asteraceae (Compositae)
Juli – Aug. 20 – 50 cm ♃

B: Blütenkörbchen zu mehreren am Stengelende, um 2 cm im Durchmesser. Zungenblüten deutlich länger als die Röhrenblüten, goldgelb. Stengel oben wollig behaart. Stengelblätter sitzend, herzförmig stengelumfassend.
SV: Sumpfwiesen, Moore, Gräben. Wärmeliebend. Zerstreut.

Strahlenlose Kamille
Matricaria discoidea
Korbblütengewächse
Asteraceae (Compositae)
Juni – Aug. 15 – 40 cm ⊙

B: Blütenkörbchen einzeln am Ende von Stengel und Ästen, halbkugelig, mit meist nur Röhrenblüten, selten randlich mit verkümmerten, weißen Zungenblüten. Stengel reichästig. Blätter doppelt fiederteilig.
SV: Ödland, Wege, Trittrasen. Sehr häufig.

Gemeiner Rainfarn *Tanacetum vulgare* Korbblütengewächse *Asteraceae (Compositae)*

Juli – Sept. 60 – 130 cm ♃

B: Doldenartig angeordnete Blütenkörbchen, etwa 1 cm breit, halbkugelig. Nur Röhrenblüten. Stengel aufrecht, kantig. Blätter doppelt fiederteilig, Zipfel gesägt. Pflanze riecht herb aromatisch.
SV: Wege, Schuttstellen, Gebüsch. Auf nährstoffreichen Lehmböden. Sehr wärmebedürftig. Häufig.

Gemeiner Beifuß *Artemisia vulgaris* Korbblütengewächse *Asteraceae (Compositae)*

Juli – Okt. 90 – 150 cm ♃

B: Beblätterte Rispe, in der zahlreiche kleine Körbchen knäuelig gedrängt stehen. Körbchen nur mit wenig sichtbaren Röhrenblüten. Stengel aufrecht. Blätter fiederteilig, unterseits weißfilzig. Geruch aromatisch.
SV: Wege, Ödland, Schuttplätze, Waldränder. Sehr häufig.

Huflattich *Tussilago farfara* Korbblütengewächse *Asteraceae (Compositae)*

März – April 10 – 30 cm ♃

B: Endständiges Blütenkörbchen auf dickem, schuppig beblättertem Stengel. Außen mehrere Reihen schmaler Zungenblüten, innen Röhrenblüten. Grundblätter erscheinen erst nach der Blüte, gestielt, rundlich-herzförmig, gezähnt.
SV: Offener Boden. Feuchtebedürftig. Kalkhold. Häufig. Heilpflanze.

Wohlverleih *Arnica montana*
Korbblütengewächse
Asteraceae (Compositae)
Juni – Aug. 30 – 60 cm ♃

B: Meist nur 1 um 6 cm breites Blütenkörbchen am unverzweigten Stengel. Körbchen außen mit langen Zungenblüten, innen mit Röhrenblüten. Fruchtknoten und Frucht mit Haarkranz. Meist nur 1 Paar gegenständiger Blätter.
SV: Magerrasen, alpine Matten, Moorwiesen. Selten (Bergland).

Gemeines Greiskraut *Senecio vulgaris* Korbblütengewächse
Asteraceae (Compositae)
Jan. – Dez. 15 – 30 cm ⊙–⊙

B: Lockere Rispe aus länglich-walzigen Körbchen. Nur Röhrenblüten. Stengel aufsteigend-aufrecht, verzweigt. Blätter fiederteilig, oft spinnwebig-haarig. Frucht und Fruchtknoten mit Haarkranz.
SV: Gärten, Äcker, Schuttstellen. Auf stickstoffreichen, nicht zu trockenen Böden. Häufig.

Klebriges Greiskraut *Senecio viscosus* Korbblütengewächse
Asteraceae (Compositae)
Juni – Okt. 15 – 50 cm ⊙

B: Lockere Rispe aus eiförmigen Körbchen. Außen (meist zurückgerollte) Zungenblüten, innen Röhrenblüten. Blütenstand klebrig-drüsig. Stengel aufrecht. Blätter fiederteilig mit lanzettlichen, buchtig gezähnten Fiedern.
SV: Bahnschotter, Ödland, Kahlschläge, Wege, Dünen. Zerstreut.

Frühlings-Greiskraut *Senecio vernalis* Korbblütengewächse *Asteraceae (Compositae)*

Mai – Sept. 15 – 50 cm ⊙

B: Doldig-rispig angeordnete, fast glockige Körbchen. Innen Röhrenblüten, außen 13 abstehende Zungenblüten. Stengel aufrecht. Blätter fiederlappig, gezähnt, stengelumfassend sitzend. Frucht und Fruchtknoten mit Haarkranz.
SV: Unbeständig, immer wieder neu vom Osten eingeschleppt. Selten.

Raukenblättriges Greiskraut *Senecio erucifolius* Korbblütengewächse *Asteraceae (Compositae)*

Juli – Okt. 30 – 100 cm ⊙ – ♃

B: Die Körbchen stehen in einem doldenartigen Gesamtblütenstand. Außen Zungen-, innen Röhrenblüten. Fruchtknoten und Frucht mit Haarkranz. Stengel aufrecht. Wurzelstock waagrecht. Blätter fiederteilig, unterseits wollig.
SV: Raine, Wege, Gebüsche, Waldränder, Lichtungen. Häufig.

Hain-Greiskraut *Senecio fuchsii* Korbblütengewächse *Asteraceae (Compositae)*

Juni – Aug. 50 – 150 cm ♃

B: Körbchen doldenartig angeordnet. Außen 5 – 7 lange Zungenblüten, innen Röhrenblüten. Stengel aufrecht, meist rot. Blätter eilanzettlich, gesägt. Frucht und Fruchtknoten mit Haarkranz.
SV: Wälder, Lichtungen, Staudenfluren. Auf gut feuchten, nährstoffreichen Böden. Zerstreut.

Kleine Eberwurz *Carlina vulgaris* Korbblütengewächse *Asteraceae (Compositae)*

Juli – Sept. 15 – 50 cm ⊙–⊙

B: Am Ende der meist spärlich vorhandenen Äste 2,5 – 3,5 cm breite Körbchen. Äußere Hüllblätter dornig, innere zungenartig, strohgelb. Nur Röhrenblüten. Frucht und Fruchtknoten mit Haarkranz. Blätter stechend dornig.
SV: Trockenwälder, Magerrasen. Kalkliebend. Selten.

Kohldistel *Cirsium oleraceum* Korbblütengewächse *Asteraceae (Compositae)*

Juli – Sept. 50 – 150 cm ♃

B: Mehrere 2 – 4 cm lange Körbchen in endständigem Knäuel, der von bleichen Hochblättern umgeben ist. Nur Röhrenblüten. Blätter hellgrün, weichdornig. Frucht und Fruchtknoten mit Haarkranz.
SV: Feuchtwiesen, Sümpfe, Ufer, Auwälder. Kalkhold. Nässezeiger. Häufig, im Nordwesten selten.

Herbst-Löwenzahn *Leontodon autumnalis* Korbblütengewächse *Cichoriaceae (Compositae)*

Juli – Sept. 10 – 40 cm ♃

B: Blütenkörbchen am Astende des spärlich gabelästigen Stengels, 1,5 – 3 cm breit. Nur Zungenblüten. Frucht und Fruchtknoten mit Haarkranz. Grundständige Blätter bis fast zum Mittelnerv schmal fiederteilig. Am Stengel Schuppen.
SV: Wiesen, Rasen. Nährstoffliebend, Tritt ertragend. Häufig.

Wiesen-Bocksbart *Tragopogon pratensis* Korbblütengewächse *Cichoriaceae (Compositae)*

Mai – Juli 30 – 60 cm ⊙

B: Endständige, 4 – 6 cm breite Blütenkörbchen auf langen Stielen. Nur Zungenblüten. Blätter grasartig, stengelumfassend. Pflanze führt reichlich Milchsaft. Frucht und Fruchtknoten mit Haarkranz.
SV: Wiesen, Grasränder. Auf gut feuchten, nährstoffreichen Lehmböden. Häufig. Formenreich.

Löwenzahn, Kuhblume *Taraxacum officinale* Korbblütengewächse *Cichoriaceae (Compositae)*

April – Juni 10 – 60 cm ♃

B: Blütenkörbchen 2 – 5 cm breit, einzeln auf blattlosem, weitröhrigem Stengel. Nur Zungenblüten. Hüllblätter in 2 Reihen, äußere Hüllblätter oft zurückgeschlagen. Fruchtknoten und Frucht mit Haarkranz. Pflanze mit Milchsaft.
SV: Äcker, Gärten, Wiesen, Wälder. Sehr häufig. Formenreich.

Acker-Gänsedistel *Sonchus arvensis* Korbblütengewächse *Cichoriaceae (Compositae)*

Juli – Okt. 50 – 150 cm ♃

B: Bis zu 5 cm breite Blütenkörbchen doldig-rispig angeordnet. Nur Zungenblüten. Hülle und Stiele dicht gelb drüsenhaarig. Blätter schrotsägeförmig. Pflanze führt reichlich Milchsaft. Frucht und Fruchtknoten mit Haarkranz.
SV: Äcker, Gärten, Wege, Schuttstellen. Stickstoffzeiger. Häufig.

Rauhe Gänsedistel *Sonchus asper* Korbblütengewächse *Cichoriaceae (Compositae)*
Juni – Okt. 30 – 100 cm ♃

B: Wenige Körbchen stehen in gedrängtem, doldenartigem Gesamtblütenstand. Nur Zungenblüten. Fruchtknoten und Frucht mit Haarkranz. Blätter oft ungeteilt, stachelig gezähnt. Öhrchen angedrückt. Pflanze führt Milchsaft.
SV: Äcker, Gärten, Wege, Ödland, Gebüsche. Sehr häufig.

Mauerlattich *Mycelis muralis* Korbblütengewächse *Cichoriaceae (Compositae)*
Juli – Sept. 30 – 100 cm ♃

B: Rispig angeordnete, kaum 1 cm breite Blütenkörbchen mit je 5 Zungenblüten. Stengel aufrecht. Blätter fiederlappig, obere ungestielt. Pflanze oft rötlich überlaufen; mit Milchsaft. Frucht und Fruchtknoten mit Haarkranz.
SV: Wälder, Gebüsche, Felsen, Mauern. Schattenliebend. Häufig.

Rainkohl *Lapsana communis* Korbblütengewächse *Cichoriaceae (Compositae)*
Juni – Sept. 30 – 100 cm ⊙

B: Körbchen stehen in einem rispigen Gesamtblütenstand. Sie sind etwa 1 cm breit und enthalten nur 8 – 12 Zungenblüten pro Körbchen. Stengel aufrecht. Untere Blätter fiederlappig. Pflanze führt weißen Milchsaft.
SV: Äcker, Gärten, Ödland, Gebüsche, Waldränder. Häufig.

Wiesen-Pippau *Crepis biennis* Korbblütengewächse *Cichoriaceae (Compositae)*

Mai – Sept. 60 – 120 cm ⊙

B: Blütenkörbchen 3 – 4 cm breit, doldig-rispig angeordnet. Nur Zungenblüten. Äußere Hüllblätter abstehend. Stengel aufrecht, gerillt. Untere Blätter fiederlappig. Pflanze führt Milchsaft. Frucht und Fruchtknoten mit Haarkranz.
SV: Wiesen, Raine (Äcker). Sehr häufig, gegen Norden seltener.

Kleines Habichtskraut *Hieracium pilosella* Korbblütengewächse *Cichoriaceae (Compositae)*

Mai – Okt. 8 – 30 cm ♃

B: Blütenkörbchen einzeln auf blattlosem Stengel, 2 – 3 cm breit. Nur Zungenblüten. Fruchtknoten und Frucht mit Haarkranz. Blätter grundständig, unterseits filzig behaart, oberseits mit einzelnen, langen Borsten. Pflanze führt Milchsaft.
SV: Trockenrasen, Raine, Heiden, lichte Wälder. Zerstreut.

Wald-Habichtskraut *Hieracium sylvaticum* Korbblütengewächse *Cichoriaceae (Compositae)*

Mai – Okt. 30 – 60 cm ♃

B: Blütenkörbchen 2 – 3 cm breit, zu wenigen in Rispen. Nur Zungenblüten. Stengel aufrecht, mit 0 – 2 Blättern. Grundblätter eiförmig, schwach gezähnt, gestielt. Pflanze mit Milchsaft. Frucht und Fruchtknoten mit Haarkranz.
SV: Wälder. Auf humusreichen, kalkarmen, feuchten Böden. Häufig.

Frauenschuh *Cypripedium calceolus* Orchideengewächse *Orchidaceae*

Mai – Juni 15 – 80 cm ♃

B: Meist nur 1 – 2, selten mehr Blüten am Stengel. Schuhartig aufgeblasene gelbe Lippe 3 – 4 cm lang. Lanzettliche, purpurbraune äußere Blütenblätter 4 – 6 cm lang. Stengel aufrecht. 3 – 5 große, elliptische, parallelnervige Blätter.
SV: Wälder, Gebüsche. Kalk- und wärmeliebend. Sehr selten.

Blasses Knabenkraut *Orchis pallens* Orchideengewächse *Orchidaceae*

April – Juni 15 – 30 cm ♃

B: Kurze Ähre. Obere Blütenblätter abstehend, Sporn waagrecht. Tragblätter der Blüten häutig. Stengel dicklich, aufrecht. Blätter ungestielt, länglich-eiförmig, ungefleckt, schwach glänzend.
SV: Lichte, sonnige Wälder. Auf humus- und kalkreichen Böden. Selten. Fehlt in Norddeutschland.

Nestwurz *Neottia nidus-avis* Orchideengewächse *Orchidaceae*

Mai – Juni 10 – 60 cm ♃

B: Vielblütige, dichte und langwalzliche Ähre. Blüten ohne Sporn. Unterlippe zweilappig, obere Blütenblätter halbkugelig zusammengeneigt. Stengel aufrecht. Blätter schuppig, schmal eiförmig. Ganze Pflanze gelbbraun.
SV: Wälder auf Kalkboden. Nutzt mit Hilfe von Pilzen die Nährstoffe im Mull aus. Zerstreut.

Wolfs-Eisenhut *Aconitum vulparia* Hahnenfußgewächse *Ranunculaceae*

Juni – Aug. 50 – 150 cm ♃

B: Einfache oder verzweigte Trauben. Oberstes Blütenblatt zu einem schmalen, bis 2 cm langen Helm aufgewölbt. Stengel aufsteigend-aufrecht, oben dicht behaart. Blätter handförmig 5 – 7teilig, Teile dreilappig, gesägt.
SV: Feuchte Wälder. Auf nährstoff- und humusreichen Böden. Selten.

Gelber Lerchensporn *Corydalis lutea* Mohngewächse *Papaveraceae*

Mai – Aug. 10 – 30 cm ♃

B: Einseitswendige, dichte Traube. Blüten bis 2 cm lang, zweilippig, mit kurzem Sporn. Stengel aufsteigend bis aufrecht, verzweigt, reich beblättert. Blätter dreizählig gefiedert; Zipfel keilig-eiförmig. Pflanze kahl.
SV: Mauern und Felsen. Verwilderte, in tieferen Lagen eingebürgerte Zierpflanze. Zerstreut.

Flügelginster *Chamaespartium sagittalis* Schmetterlingsblütengewächse *Fabaceae (Leguminosae)*

Mai – Juni 15 – 25 cm ♄

B: Endständige dichte Trauben. Schmetterlingsblüten. Stengel unten verholzt, Zweige aufsteigend bis aufrecht, breit geflügelt, krautig. Blätter spärlich, eiförmig-lanzettlich, jung behaart.
SV: Magerrasen, Heiden, lichte Trockenwälder. Etwas kalkscheu. Häufig, im Norden seltener.

Süßholz-Tragant
Astragalus glycyphyllos
Schmetterlingsblütengewächse
Fabaceae (Leguminosae)
Mai – Aug. 60 – 130 cm ♃

B: Blüten in blattachselständigen Trauben, um 1,5 cm lang, grüngelb bis elfenbeinfarben. Stengel kriechend bis aufsteigend. Blätter unpaarig gefiedert, mit 9 – 15 Teilblättchen.
SV: Lichte Wälder, trockene Gebüsche. Kalkliebend. Zerstreut.

Echter Steinklee
Melilotus officinalis
Schmetterlingsblütengewächse
Fabaceae (Leguminosae)
Juni – Sept. 30 – 120 cm ⊙

B: Viele gestielte, etwas einseitswendige Trauben. Schmetterlingsblüten (Schiffchen kürzer als die Flügel). Stengel reich verzweigt. Blätter wechselständig, gestielt, dreizählig. Teilblättchen lang eiförmig, gezähnt.
SV: Wege, Ödland, Ufer. Stickstoffzeiger. Häufig. Alte Heilpflanze.

Sichel-Luzerne *Medicago falcata*
Schmetterlingsblütengewächse
Fabaceae (Leguminosae)
Juni – Sept. 20 – 50 cm ♃

B: 6 – 20 Blüten stehen in gestielten Köpfchen in den Achseln der oberen Blätter. Blüten etwa 1 cm lang. Stengel aufsteigend bis aufrecht. Blätter dreiteilig, vorn gezähnt. Hülsen sichelartig gekrümmt.
SV: Trockenrasen, Magerrasen, Gebüsche, Waldränder. Bevorzugt trockene Kalkböden. Zerstreut.

Hopfenklee *Medicago lupulina*
Schmetterlingsblütengewächse
Fabaceae (Leguminosae)
Mai – Okt. 10 – 40 cm ⊙ – ♃

B: Kaum 5 mm lange Schmetterlingsblüten in zahlreichen kleinen, bis 50blütigen Köpfchen. Stengel niederliegend – aufrecht. Blätter 3zählig, kleeartig. Frucht eine schneckenartig gewundene Hülse.
SV: Trockenwiesen, Raine, Bahnschotter. Kalkhold. Auf warmen, nährstoffreichen Böden. Häufig.

Wundklee *Anthyllis vulneraria*
Schmetterlingsblütengewächse
Fabaceae (Leguminosae)
Mai – Sept. 10 – 30 cm ♃

B:: Blüten in dichten Köpfchen am Ende des Stengels, um 1,5 cm lang. Unterhalb des Köpfchens fingerförmig geteilte Hochblätter. Stengel aufsteigend bis aufrecht. Stengelblätter unpaarig gefiedert. Endblättchen größer.
SV: Trockenrasen, Raine. Kalkliebend. Auch angebaut. Häufig.

Gold-Klee *Trifolium aureum*
Schmetterlingsblütengewächse
Fabaceae (Leguminosae)
Juni – Juli 10 – 50 cm ⊙ – ⊙

B: Viele längliche, gestielte Köpfchen aus 20 – 50 Schmetterlingsblüten. Blütenblätter bleiben als Flugorgan an der Frucht. Stengel reichverzweigt. Blätter 3zählig, Teilblättchen eiförmig, alle 3 gleichlang gestielt, gezähnt.
SV: Gebüsch, Wegränder, Magerrasen. Selten, im Bergland zerstreut.

Feld-Klee *Trifolium campestre*
Schmetterlingsblütengewächse
Fabaceae (Leguminosae)
Juni – Sept. 5 – 30 cm ⊙ – ⊙

B: 20 – 50 Blüten stehen in einem der kugelig-eiförmigen, 7 – 10 mm breiten Köpfchen. Blütenblätter bleiben auch nach dem Verblühen erhalten (Flugorgan). Stengel niederliegend – aufsteigend. Blätter 3-zählig. Mittleres Teilblättchen langstielig.
SV: Raine, Trockenwiesen, Ödland. Kalkliebend. Häufig.

Kleiner Klee *Trifolium dubium*
Schmetterlingsblütengewächse
Fabaceae (Leguminosae)
Mai – Sept. 5 – 20 cm ⊙ – ⊙

B: Viele Köpfchen aus höchstens 15 schmalen, schräg aufgerichteten Schmetterlingsblüten. Stengel dünn, niederliegend – aufsteigend. Blätter 3zählig, bläulichgrün.
SV: Nicht zu trockene Wiesen und Weiden, Wege, Ufer. Auf nährstoff- und mäßig kalkhaltigen Böden. Häufig, doch nur bis ins Bergland.

Gemeiner Hornklee
Lotus corniculatus
Schmetterlingsblütengewächse
Fabaceae (Leguminosae)
Mai – Sept. 5 – 40 cm ♃

B: 2 – 7 Blüten stehen in einem der lockeren Köpfchen. Blüten 6 – 15 mm lang, oft rot angelaufen. Blätter dreiteilig mit 2 Nebenblättchen am Stielgrund. Teilblättchen länglich-eiförmig.
SV: Trockenwiesen, Raine, Wegränder. Kalkliebend. Auch angebaut. Sehr häufig.

Spargelerbse
Tetragonolobus maritimus
Schmetterlingsblütengewächse
Fabaceae (Leguminosae)
Mai – Juli 15 – 40 cm ♃

B: Einzelne Schmetterlingsblüten, 2 – 3 cm lang, hellgelb. Stengel niederliegend – aufsteigend. Blätter bläulichgrün, etwas fleischig, meist 5zählig, ± gestielt.
SV: Ufer, Sümpfe, Halbtrockenrasen. Kalkhold, salzhart. Selten, fehlt im Norden und ab etwa 800 m.

Hufeisenklee
Hippocrepis comosa
Schmetterlingsblütengewächse
Fabaceae (Leguminosae)
Mai – Juli 8 – 30 cm ♃

B: 4 – 10 Blüten stehen in einem der doldenartigen Köpfchen. Blüten etwa 1 cm lang. Stengel niederliegend bis aufsteigend. Blätter langgestielt, unpaarig gefiedert, mit 9 – 15 länglichen Teilblättchen.
SV: Trockenrasen, Raine, Felsen, Schotter. Auf Kalk. Zerstreut.

Wiesen-Platterbse
Lathyrus pratensis
Schmetterlingsblütengewächse
Fabaceae (Leguminosae)
Juni – Aug. 30 – 100 cm ♃

B: Langgestielte, leicht einseitswendige Trauben aus den Blattachseln. Schmetterlingsblüten, 1 – 1,5 cm lang. Stengel 4kantig, aufsteigend-kletternd. Blätter paarig gefiedert: 2 schmale Fiedern, 1 (verzweigte) Endranke.
SV: Wiesen, Gebüsche. Auf eher feuchten, fetten Böden. Häufig.

Echtes Springkraut
Impatiens noli-tangere
Balsaminengewächse
Balsaminaceae
Juli – Aug. 30 – 60 cm ⊙

B: 4 – 10 Blüten hängen in einer der blattachselständigen Trauben (meist nur 1 Blüte der Traube geöffnet). Blüten 3 – 4 cm lang, mit gekrümmtem Sporn. Stengel aufrecht, glasig. Blätter eiförmig, grob gesägt.
SV: Feuchte Wälder. Auf nassen Lehmböden. In Beständen. Häufig.

Kleines Springkraut *Impatiens parviflora* Balsaminengewächse *Balsaminaceae*
Juni – Sept. 20 – 60 cm ⊙

B: Blattachselständige Trauben mit je 4 – 10 hellgelben, aufrechten, gespornten Blüten von etwa 1 cm Länge. Stengel aufrecht, vor allem oben verzweigt und beblättert. Blätter eiförmig, gesägt.
SV: Wälder, Gebüsch, Schuttstellen, Gärten. Schattenpflanze. Unbeständiger Neubürger. Zerstreut.

Acker-Stiefmütterchen *Viola arvensis* Veilchengewächse *Violaceae*
Mai – Okt. 10 – 20 cm ⊙

B: Blüten einzeln, 8 – 20 mm lang. Sporn kurz. Untere Blütenblätter meist mit schwärzlichen Saftstrichen, obere oft violett gezeichnet. Stengel aufrecht oder aufsteigend. Blätter länglich, gekerbt. Nebenblätter fiederig.
SV: Äcker, Gärten, Schuttplätze, Ödland, Dünen. Häufig.

Zweiblütiges Veilchen *Viola biflora* Veilchengewächse *Violaceae*
Mai – Aug. 8 – 15 cm ♃

B: Blüten einzeln oder zu zweit blattachselständig, gespornt, gelb mit braunen Saftstrichen. Stengel aufsteigend – aufrecht. Blätter herz-nierenförmig, gekerbt. Grundblätter groß, langstielig, 2 – 4 Stengelblättchen.
SV: Bergwälder, alpine Weiden und Hochstaudengebüsche. Kalkhold. Selten. Alpen bis Mitteldeutschland.

Salbei-Gamander *Teucrium scorodonia* Lippenblütengewächse *Lamiaceae (Labiatae)*
Juni – Sept. 30 – 60 cm ♃

B: Blüten in langen, schlanken, gegenständigen Trauben, etwa 1 cm lang, grüngelb, ohne Oberlippe. Unterlippe 3lappig, Mittellappen groß, löffelförmig. Stengel aufrecht. Blätter kreuzgegenständig. Pflanze weichhaarig.
SV: Lichte Wälder, Heiden, Gebüsch. Kalkmeidend. Zerstreut.

Bunter Hohlzahn *Galeopsis speciosa* Lippenblütengewächse *Lamiaceae (Labiatae)*
Juli – Okt. 30 – 90 cm ⊙

B: Etagenartig übereinanderstehende Blütenquirle. Hellgelbe Lippenblüten mit violetter Unterlippe. Stengel aufrecht, 4kantig, mit angeschwollenen Gelenken. Blätter gegenständig, eiförmig.
SV: Lichte, feuchte Gehölze, Ufer, Äcker, Sümpfe. Zerstreut. Von Westen nach Osten immer häufiger.

Klebriger Salbei *Salvia glutinosa* Lippenblütengewächse *Lamiaceae (Labiatae)*

Juni – Sept. 40 – 100 cm ♃

B: Blüten zu 4 – 6 in blattachselständigen Scheinquirlen und am Ende des Stengels, um 3 cm lang. Stengel aufrecht, stumpf vierkantig, unten meist kahl, oben drüsig-klebrig behaart. Blätter gegenständig, schwach klebrig.

SV: Bergwälder, Hochstaudengebüsch. Alpen. Zerstreut.

Gold-Taubnessel *Lamiastrum galeobdolon* Lippenblütengewächse *Lamiaceae (Labiatae)*

Mai – Juni 15 – 50 cm ♃

B: Etagenartig übereinanderstehende Blütenquirle. Meist sattgelbe Lippenblüten mit braunfleckiger Unterlippe. Stengel vierkantig. Blätter gegenständig, brennesselartig, ohne Brennhaare.

SV: Wälder, im reinen Nadelforst selten. Braucht nährstoffreiche, etwas feuchte Mullböden. Häufig.

Wiesen-Wachtelweizen *Melampyrum pratense* Braunwurzgewächse *Scrophulariaceae*

Juni – Sept. 15 – 30 cm ⊙

B: Blüten in einseitswendigen, eher lockeren Ähren, 1 – 2 cm lang. Tragblätter grün, die oberen gezähnt. Kelch kahl. Stengel aufsteigend bis aufrecht. Blätter gegenständig, lineal-lanzettlich, rauh.

SV: Lichte Wälder, Waldränder, Heiden, Naßwiesen. Häufig.

Wald-Wachtelweizen
Melampyrum sylvaticum Braunwurzgewächse *Scrophulariaceae*
Juni – Aug. 15 – 25 cm ⊙

B: Einseitswendige, beblätterte Ähre. Sattgelbe Blüten, bis 1 cm lang. Stengel rundlich, aufsteigend – aufrecht. Blätter gegenständig, lanzettlich, fast kahl. Formenreich (Ostrassen hellgelb).
SV: Moosige Wälder, Gebüsche, Heiden. Auf sauren, kalkarmen Böden. Zerstreut, im Norden selten.

Reichblättriges Läusekraut
Pedicularis foliosa
Braunwurzgewächse
Scrophulariaceae
Juni – Aug. 20 – 50 cm ♃

B: Endständige, gedrungene Traube. Tragblätter laubblattähnlich, länger als die Blüten. Blüten 2 – 2,5 cm lang, weißlichgelb; Oberlippe ungefleckt, rauhhaarig. Stengel aufrecht, unverzweigt. Blätter gefiedert.
SV: Alpine Matten, vereinzelt auch im Jura. Selten.

Karlszepter-Läusekraut
Pedicularis sceptrum-carolinum
Braunwurzgewächse
Scrophulariaceae
Juni – Aug. 30 – 80 cm ♃

B: Lange, reichblütige Traube. Blüten 3 – 3,5 cm lang, hellgelb, vorne rot. Stengel aufrecht, unverzweigt. Blätter fiederspaltig mit ungleich fiedrig gelappten Zipfeln. Pflanze kahl.
SV: Naßwiesen, Ufer, Halbschmarotzer auf Sumpfpflanzen. Sehr selten, überall im Rückgang.

Zottiger Klappertopf
Rhinanthus alectorolophus
Braunwurzgewächse
Scrophulariaceae
Mai – Sept. 10 – 50 cm ⊙

B: Blüten in den Blattachseln, 2 – 2,5 cm lang. Kelch weit, zottig behaart. Blütenröhre schwach gebogen. Oberlippe mit einem blauen Zahn. Stengel aufrecht, zottig. Blätter gegenständig, länglich, scharf gesägt.
SV: Wiesen, Raine, Äcker. Halbschmarotzer. Auf Kalk. Häufig.

Kleiner Klappertopf *Rhinanthus minor* Braunwurzgewächse *Scrophulariaceae*
Mai – Aug. 10 – 40 cm ⊙

B: Blüten blattachselständig, traubig angeordnet, gelb mit weißem oder hellblauem Oberlippenzahn. Kelch kahl. Stengel aufrecht. Blätter gegenständig, schmallanzettlich, gekerbt-gesägt.
SV: Wiesen, Raine. Formenreicher Halbschmarotzer magerer, gern etwas feuchter Böden. Häufig.

Großblütiger Fingerhut *Digitalis grandiflora* Braunwurzgewächse *Scrophulariaceae*
Juni – Juli 50 – 130 cm ♃

B: Blüten in endständiger, einseitswendiger Traube, 3 – 4,5 cm lang, glockig-bauchig, nickend, schwefelgelb, innen bräunlich geadert. Unterlippe dreizipflig, Oberlippe nur ausgerandet. Stengel aufrecht. Blätter länglich.
SV: Laubwälder, Bergwälder. Fehlt im Norden. Selten.

Gelber Fingerhut *Digitalis lutea* Braunwurzgewächse *Scrophulariaceae*

Juni – Juli 40 – 80 cm ♃

B: Einseitswendige Traube. Blüten hellgelb, 2 – 2,5 cm lang, leicht nikkend. Stengel aufrecht, kahl. Blätter wechselständig, eilänglich, kahl. Bildet oft Bastarde mit dem Roten Fingerhut (S. 113).
SV: Wälder, Gebüsch, Heiden. An sonnigen, nicht zu trockenen Stellen. Selten, nur im Westen.

Gemeines Leinkraut *Linaria vulgaris* Braunwurzgewächse *Scrophulariaceae*

Juni – Okt. 30 – 60 cm ♃

B: Blüten in einer dichten, endständigen Traube, 2,5 – 3 cm lang, hellgelb, oft mit orangefarbenem Gaumen, Sporn lang. Stengel aufrecht, meist unverzweigt. Blätter wechselständig, sitzend, lineal-lanzettlich, einnervig.
SV: Ödland, Bahnschotter, Kahlschläge, Raine. Häufig.

Großer Wasserschlauch *Utricularia vulgaris* Wasserschlauchgewächse *Utriculariaceae*

Juni – Aug. 15 – 30 cm ♃

B: Freischwimmend, nur die lockere Blütentraube über dem Wasser. Blätter in fädige Zipfel zerfiedert, mit vielen blasigen, ca. 3 mm breiten „Schläuchen" (Tierfallen; fleischfressende Pflanze).
SV: Nicht zu kühle, stehende bis träg fließende Gewässer mit reicher Kleinlebewelt. Zerstreut.

Mistel *Viscum album*
Mistelgewächse *Loranthaceae*
März – April 20 – 50 cm ♄

B: Männliche und weibliche Blüten auf verschiedenen Individuen. Blüten unscheinbar. Frucht weißgelbe Beere. Pflanze schmarotzt auf Bäumen. Gabelig verzweigter kleiner Strauch. Blätter gegenständig, lederig, immergrün.
SV: Schmarotzt auf Laub- und Nadelhölzern (wird darum oft in mehrere Arten aufgegliedert). Zerstreut.

Herlitze *Cornus mas*
Hartriegelgewächse *Cornaceae*
März – Mai 2 – 6 m ♄

B: Viele kleine seitenständige Dolden mit gelben Blüten an den noch unbelaubten Zweigen. Blätter gegenständig, kurz gestielt, eiförmig-elliptisch, ganzrandig. Rote, kirschähnliche, aber längliche Früchte (eßbar, säuerlich).
SV: Wälder, Gebüsche, Felsen, Ufer. Kalkhold, wärmebedürftig. Nur im Süden wild, oft gepflanzt.

Feld-Ahorn *Acer campestre*
Ahorngewächse *Aceraceae*
Mai 2 – 20 m ♄

B: Blüten in aufrechten, doldigen Trauben, die nach den Blättern erscheinen. Kleiner Baum oder mittelgroßer Strauch. Ältere Borke rissig, junge Zweige oft mit Korkleisten. Blätter gegenständig, gestielt, 5lappig.
SV: Laub- und Mischwälder, Gebüsche, Trockenwälder. Meist unter 1000 m. Dort häufig.

Spitz-Ahorn *Acer platanoides*
Ahorngewächse *Aceraceae*
April – Mai 20 – 25 m ♄

B: Baum mit breiter bis eirundlicher Krone. Borke längsrissig. Traubigdoldige Blütenstände, kurz vor dem Laub aufbrechend. Blätter gegenständig, gestielt, 5lappig. Lappen langgrannig gezähnt. Geflügelte Doppelfrüchte.
SV: Berg-, Schlucht-, Auwälder. Auf feuchten, lockeren Steinböden. Wild selten; oft gepflanzt.

Winter-Linde *Tilia cordata*
Lindengewächse *Tiliaceae*
Juni – Juli 10 – 25 m ♄

B: 2 – 7 Blüten hängen gemeinsam an einem Stiel, an dem ein zungenförmiges, häutiges „Flug"blatt ansitzt. Baum mit ausladender Krone. Junge Zweige olivgrün bis rotbraun. Blätter wechselständig, schief herzförmig, in den Aderwinkeln rostgelb.
SV: Laubwälder, Bergwälder. Oft gepflanzt, selten wild; (häufig ähnliche Arten gepflanzt).

Trauben-Holunder *Sambucus racemosa* Geißblattgewächse *Caprifoliaceae*
April – Mai 2 – 4 m ♄

B: Strauch. Äste mit braunrotem Mark. Blütenrispen dicht, aufrecht, stark duftend. Blätter gegenständig, unpaarig gefiedert. Teilblättchen länglich-eiförmig, am Rand gesägt. Beeren rot.
SV: Wälder, Gebüsche. Auf steinigen, kalkarmen Böden. Im Tiefland selten, im Bergland häufig.

Sauerdorn *Berberis vulgaris*
Berberitzengewächse
Berberidaceae
Mai – Juni 1 – 2,5 m ♄

B: 6 – 15 Blüten, die etwa 1 cm breit werden, hängen in seitenständigen Trauben. Beeren länglich-walzlich, scharlachrot. Dorniger, reichästiger Strauch. Rinde hellgrau, Holz gelb. Blätter in Büscheln an den seitlichen Kurztrieben. Dreiteilige Dornen.
SV: Lichte Wälder, Waldränder, Gebüsche. Auf Kalk. Sehr selten.

Deutscher Ginster
Genista germanica
Schmetterlingsblütengewächse
Fabaceae (Leguminosae)
Mai – Juni 30 – 60 cm ♄

B: Halbstrauch: unten verholzt und dornig, junge Triebe krautig. Behaarte Blüten in endständigen Trauben. Blätter rauhhaarig, 1 – 2 cm lang, elliptisch, wechselständig. Behaarte Hülsenfrüchte.
SV: Heiden, Raine, lichte Trockenwälder. Kalkscheu, wärmeliebend. Zerstreut, im Norden selten.

Färber-Ginster
Genista tinctoria
Schmetterlingsblütengewächse
Fabaceae (Leguminosae)
Mai – Juni 30 – 60 cm ♄

B: Blüten stehen in kurzen, endständigen Trauben. Sie sind um 2 cm lang, kahl. Äste nur unten verholzt, Triebe krautig. Äste dornenlos. Blätter länglich-elliptisch, 1 – 3 cm lang, am Rande weichhaarig.
SV: Raine, Trockenrasen, Heiden, Wälder. Unter 700 m. Selten.

Geißklee *Lembotropis nigricans*
Schmetterlingsblütengewächse
Fabaceae (Leguminosae)
Juni – Juli 50 – 150 cm ♄

B: Strauch mit braunen Ästen und aufrechten grünen Blütenzweigen. 10 – 30 cm lange, endständige Trauben. Blätter kleeartig dreiteilig, Teilblättchen um 2 cm lang, kurz behaart. Hülsenfrucht.
SV: Lichte Wälder, Gebüsche, Felsen. Wärmeliebend. Selten. Fehlt im Norden und in den Alpen.

Besenginster
Cytisus scoparius
Schmetterlingsblütengewächse
Fabaceae (Leguminosae)
Mai – Juni 50 – 200 cm ♄

B: Blüten einzeln oder zu zweien auf kurzen Stielen in den Achseln der oberen Blätter. Altäste schief, braunrindig; Zweige aufrecht, graugrün, kantig, rutenförmig. Blätter wechselständig, bald abfallend.
SV: Waldränder, lichte Waldstellen. Kalkscheu. Zerstreut, in Sandgebieten sehr häufig.

Rote Heckenkirsche *Lonicera xylosteum* Geißblattgewächse
Caprifoliaceae
Mai – Juni 1 – 2,5 m ♄

B: Ästiger Strauch mit hohlen Zweigen. Blüten paarweise auf 1 Stiel aus den Blattachseln. Blätter gegenständig, ganzrandig, breit eiförmig, kurz gestielt. Glänzend rote (Doppel-)Beeren.
SV: Laubwälder, Hecken. Auf kalk-, humus- und nährstoffreichen Böden. In Kalkgebieten häufig.

Sauer-Ampfer *Rumex acetosa*
Knöterichgewächse *Polygonaceae*
Mai – Juni 30 – 80 cm ♃

B: Schlanke, endständige Rispen, die entweder nur männliche oder nur weibliche Blüten tragen (Pflanze zweihäusig!). Blätter am Grund pfeilförmig, untere gestielt, obere sitzend; schmecken säuerlich (ganz schwach giftig!).
SV: Wiesen, Raine. Auf nährstoffreichen, nicht zu trockenen, lehmigen Böden. Sehr häufig.

Klatsch-Mohn *Papaver rhoeas*
Mohngewächse *Papaveraceae*
Mai – Juli 30 – 80 cm ⊙–⊙

B: Blüten einzeln auf langen, mit abstehenden Borsten bedeckten Stielen. Blütenblätter oft am Grund mit schwarzem Fleck. Knospen nicken. Fruchtknoten und Frucht kahl. Blätter tief fiederspaltig, gezähnt. Pflanze führt weißen Milchsaft.
SV: Äcker, Ödland, Schuttplätze. Auf kalkhaltigem Lehm. Zerstreut (im Rückgang begriffen).

Meersenf *Cakile maritima*
Kreuzblütengewächse
Brassicaceae (Cruciferae)
Juli – Sept. 10 – 30 cm ⊙

B: Dichte endständige Trauben am reichverästelten, aufsteigenden Stengel. Blüten um 1/2 cm breit, wohlriechend. Blätter fleischig, fiederig zerteilt oder ungeteilt. Ganze Pflanze blaugrün bereift.
SV: Sandstrand und Dünen im Küstenbereich. Dort häufig. Im Binnenland nur ab und zu. Salzfest.

Zwiebel-Zahnwurz

Dentaria bulbifera
Kreuzblütengewächse
Brassicaceae (Cruciferae)
April – Mai 20 – 50 cm ♃

B: Blüten in doldenartig abgeflachter Traube, auch blauviolett. Stengel aufrecht. In den Achseln der schmalen oberen Blätter schwärzliche Brutknöllchen. Untere Blätter wenigstens teilweise gefiedert.
SV: Wälder im Bergland. Auf Kalkboden. Selten.

Großer Wiesenknopf

Sanguisorba officinalis
Rosengewächse *Rosaceae*
Juni – Aug. 50 – 150 cm ♃

B: Viele dunkel- bis braunrote, endständige Blütenköpfchen. Stengel aufrecht, oben locker verzweigt. Blätter unpaarig gefiedert, Teilblättchen eiförmig, am Rand gekerbt, kurz gestielt.
SV: Feuchtwiesen. Auf nassen, torfigen oder lehmigen Böden. Sehr häufig, im Norden seltener.

Rosarotes Weidenröschen

Epilobium roseum
Nachtkerzengewächse
Onagraceae
Juli – Aug. 15 – 100 cm ♃

B: Reichblütige, lockere Traube. Blütenblätter um 5 mm lang, an der Spitze stark ausgerandet, zuerst fast weiß, dann rosa. Stengel unten kahl, oben schwach behaart. Blätter länglich-lanzettlich, dicht gezähnelt.
SV: Ufer, Gräben. Bevorzugt kalkhaltigen Boden. Zerstreut.

Schmalblättriges Weidenröschen *Epilobium angustifolium* Nachtkerzengewächse *Onagraceae*

Juli – Aug. 50 – 180 cm ♃

B: Lange, reichblütige Trauben am Ende der aufrechten, unverzweigten Stengel. Blätter wechselständig, schmal und lang eiförmig, mit blaugrüner Unterseite.
SV: Wälder, Ödland, Bahndämme, Ufer. Braucht lockere, stickstoffhaltige Böden und viel Licht. Schwach kalkscheu. Häufig.

Rauhhaariges Weidenröschen *Epilobium hirsutum* Nachtkerzengewächse *Onagraceae*

Mai – Aug. 50 – 150 cm ♃

B: Blüten in den Blattachseln, am Stengelende gehäuft, um 2 cm im Durchmesser. Narbe 4zipflig-sternförmig. Blütenblätter eingekerbt, purpurrot. Stengel unten zottig. Untere Blätter gekreuzt gegenständig, 5 – 12 cm lang.
SV: Gräben, Röhricht, feuchte Wälder, Ödland. Auf Kalk. Häufig.

Kleinblütiges Weidenröschen *Epilobium parviflorum* Nachtkerzengewächse *Onagraceae*

Juni – Sept. 15 – 80 cm ♃

B: Blüten rosa, um 1 cm breit, einzeln in den Blattachseln, erst doldig gehäuft, später langtraubig. Stengel unterwärts zottig behaart. Blätter länglich-lanzettlich, untere gegenständig, die obersten wechselständig.
SV: Gräben, Ufer, Wälder. Nässe- und Nährstoffzeiger. Häufig.

Berg-Weidenröschen *Epilobium montanum* Nachtkerzengewächse *Onagraceae*

Juni – Sept. 20 – 100 cm ♃

B: Armblütige, sehr lockere Traube. Blütenblätter um 5 mm lang, eingekerbt, sehr blaß rosa. Stengel wenig verzweigt; Pflanze wirkt nicht buschig. Blätter in der unteren Hälfte gegenständig, oben oft wechselständig, 4 – 8 cm lang.
SV: Wälder, Waldwege, auch in Gärten. Auf Kalkboden. Zerstreut.

Wasser-Minze *Mentha aquatica* Lippenblütengewächse *Lamiaceae (Labiatae)*

Juli – Okt. 30 – 100 cm ♃

B: Blütenquirle in den Blattachseln und ein endständiges, rundlich-kurzwalzliches Köpfchen. Stengel 4kantig, aufrecht-aufsteigend. Blätter kreuzgegenständig, eiförmig, Rand gesägt. Pflanze mit Pfefferminzengeruch.
SV: Ufer, Gräben, nasse Wiesen, Wälder und Äcker. Zerstreut.

Ackerröte *Sherardia arvensis* Rötegewächse *Rubiaceae*

Mai – Okt. 5 – 30 cm ⊙

B: Blüten 3 – 4 mm im Durchmesser, in armblütigen, endständigen, kopfig-doldigen Blütenständen. Stengel aufgebogen – niederliegend, deutlich vierkantig. Blätter einnervig, unten zu 4, oben zu 6 quirlständig, schmal eiförmig, spitz.
SV: Meist auf Getreideäckern, seltener in Hackfruchtkulturen. Auf kalkhaltigem Sand. Selten.

Vogel-Knöterich *Polygonum aviculare* Knöterichgewächse *Polygonaceae*

Juni – Okt. 10 – 50 cm ⊙

B: Blüten blattachselständig, unscheinbar, da nur wenige Millimeter groß. Blüten wenig entfaltet, weit im Kelch steckend. Neben rötlich blühenden Exemplaren auch weißlichgrün blühende. Stengel niederliegend – aufsteigend.
SV: Äcker, Wege, Ödland. Trittunempfindlich. Sehr häufig.

Schlangen-Knöterich *Polygonum bistorta* Knöterichgewächse *Polygonaceae*

Mai – Aug. 30 – 120 cm ♃

B: 1 rosafarbene, dichtwalzige Ähre am Ende des meist aufrechten, unverzweigten Stengels. Blätter länglich-eiförmig, gestielt, die oberen mit herzförmigem Grund sitzend.
SV: Feuchte Wiesen und Wälder, alpine Matten. Nässezeiger. Vor allem in höheren Lagen. Häufig.

Ampfer-Knöterich *Polygonum lapathifolium* Knöterichgewächse *Polygonaceae*

Juli – Okt. 20 – 80 cm ⊙

B: Blüten in dichten, walzlichen Ähren, unscheinbar; neben rötlich blühenden Exemplaren auch solche mit weißlichen oder grünlichen Blüten. Stengel aufsteigend. Blattscheidenrand kahl oder nur kurz bewimpert.
SV: Gräben, Ufer, feuchte Wege und feuchte Äcker. Häufig.

Büschel-Nelke *Dianthus armeria*
Nelkengewächse *Caryophyllaceae*
Juni – Aug. 30 – 60 cm ⊙

B: Schmale, grüne Blätter umgeben ein endständiges Büschel aus 2–10, ca. 1 cm breiten Blüten mit dunkelroten, punktierten Blütenblättern. Stengel kurzhaarig. Blätter gegenständig, schmal, spitz.
SV: Raine, Waldränder, Gebüsche. Kalkscheu. Auf warmen, nicht zu trockenen, leicht sauren Böden. Selten, im Süden zerstreut.

Karthäuser-Nelke *Dianthus carthusianorum* Nelkengewächse *Caryophyllaceae*
Juni – Sept. 15 – 50 cm ♃

B: 1 – 30 Blüten stehen in einem endständigen Büschel, doch sind meist nur 1 – 2 Blüten gleichzeitig erblüht. Blütenblätter dunkelrot oder tief rosarot. Blattscheiden am Stengel mindestens doppelt so lang wie die Blattbreite.
SV: Trockenrasen, lichte, trockene Gebüsche. Zerstreut.

Heide-Nelke *Dianthus deltoides*
Nelkengewächse *Caryophyllaceae*
Juni – Aug. 15 – 30 cm ♃

B: Blüten einzeln an den Astenden des wenig verzweigten, rauhflaumig behaarten Stengels. Blütenblätter mit hellen Punkten und dunklem Querstreifen. Laubblätter gegenständig, schmal, spitz.
SV: Heiden, Magerrasen. Kalkscheu. Auf sandigen, eher trockenen, schwach sauren, nährstoffarmen Böden. Selten (fehlt auf Kalk).

Busch-Nelke *Dianthus seguieri*
Nelkengewächse *Caryophyllaceae*
Juni – Aug. 20 – 50 cm ♃

B: 2 – 8 Blüten sitzen in einem lockeren Büschel (oft nur 1 erblüht). Blüten rosa, innen mit durchbrochenem Schlundring. Blütenblätter außen gezähnt. Am Kelchgrund eiförmige Blattschuppen, deren Granne Kelchrand nicht erreicht. Blätter graugrün.
SV: Saure alpine Matten der südlichen Alpenketten. Sehr selten.

Pfingst-Nelke
Dianthus gratianopolitanus
Nelkengewächse *Caryophyllaceae*
Mai – Juni 10 – 25 cm ♃

B: Blüten einzeln am Ende des unverzweigten, kahlen Stengels, 2 – 2,5 cm breit. Kelch oft violett. Laubblätter blaugrün, gegenständig, schmal und spitz. Die Pflanze bildet oft kleine Polster.
SV: Felsbänder, Trockenrasen. Auf sonnenwarmen, meist kalkhaltigen Steinböden. Sehr selten.

Pracht-Nelke
Dianthus superbus
Nelkengewächse *Caryophyllaceae*
Juni – Sept. 30 – 100 cm ♃

B: Blüten einzeln, lang gestielt. Farbe lila bis rosa. Blütenblätter bis über die Mitte zerschlitzt, oft dunkel getupft. Durchmesser der Blüte meist über 2,5 cm. Blüten meist stark duftend. Kelch am Grund mit kurzen Schuppen.
SV: Wälder, Gebüsche, Bergwiesen, Naßwiesen. Zerstreut.

Rote Nachtnelke *Silene dioica*
Nelkengewächse *Caryophyllaceae*
April – Aug. 30 – 100 cm ♃

B: Lockere Rispe aus kleinen Blütenbüscheln. Trübrosa Blüten mit 10rippigem Kelch auf männlichen Pflanzen, weibliche haben meist größere, sattrote Blüten mit 20rippigem Kelch. Blätter eiförmig, gegenständig. Pflanze weichhaarig.
SV: Feuchte Wiesen, Gebüsche und Wälder. Nährstoff- und Nässezeiger. Häufig; bis zum Hochgebirge.

Pechnelke *Lychnis viscaria*
Nelkengewächse
Caryophyllaceae
Mai – Juni 15 – 50 cm ♃

B: Blütenstand leicht gedrungene Rispe. Blüten 2 – 2,5 cm im Durchmesser. Blütenblätter nur schwach eingekerbt. Stengel an den oberen Knoten mit dunklem Leimring. Blätter gegenständig, Pflanze kahl oder kurzhaarig.
SV: Trockenwiesen, Heiden, trokkene Wälder. Kalkscheu. Selten.

Kuckucks-Lichtnelke *Lychnis flos-cuculi* Nelkengewächse *Caryophyllaceae*
April – Juli 30 – 70 cm ♃

B: Lockere Rispe. Blüten 1,5 – 3 cm im Durchmesser. Blütenblätter hell rosa – purpurn, tief 4zipfelig geteilt. Stengel aufrecht. Blätter gegenständig, untere spatelig, obere lanzettlich, alle schwach kurzborstig-rauh.
SV: Wiesen. Dort ausgesprochener Nässezeiger. Auf nährstoffreichen, schwach sauren Böden. Häufig.

Echtes Seifenkraut
Saponaria officinalis
Nelkengewächse *Caryophyllaceae*
Juli – Sept. 30 – 60 cm ♃

B: Blüten in kurzen Rispen am Ende des Stengels und der Äste. Blütenblätter flach ausgebreitet, vorne nur schwach ausgerandet, am Schlund mit 2 Zähnchen. Stengel aufrecht, oft rötlich überlaufen. Blätter gegenständig.
SV: Ufer, Ödland, Wege, Mauern. Grundwasserliebend. Zerstreut.

Große Fetthenne *Sedum telephium* Dickblattgewächse *Crassulaceae*
Juni – Sept. 20 – 50 cm ♃

B: Dichte, kugelig gedrängte, später doldenartig ausgebreitete Rispen. Blüten tiefrot, rosa oder gelbrot. Stengel aufrecht. Blätter flach, dickfleischig, glatt, eiförmig. Pflanze kahl.
SV: Felsen, Mauern, Geröll, Raine, Äcker, Wege, Gebüsch, Wälder. Anpassungsfähig und formenreich. Zerstreut (auch Zierpflanze).

Bach-Nelkenwurz *Geum rivale*
Rosengewächse
Rosaceae
April – Juni 20 – 50 cm ♃

B: In einem wenigblütigen, lockeren Blütenstand stehen 3 – 7 Blüten. Sie nicken. Auffällig sind an ihnen die rotbraunen Kelchblätter. Die Blütenblätter sind rosenrot oder gelblich. Blätter wechselständig, fiederteilig.
SV: Nasse Wiesen, Flachmoore, Gräben, lichte, grundwasserfeuchte Wälder. Sehr häufig, jedoch im Rückgang begriffen.

Blutauge *Potentilla palustris*
Rosengewächse *Rosaceae*
Juni – Sept. 10 – 50 cm ♃

B: Sehr lockere, wenigblütige Rispe. Blüten ausgebreitet, auch die Kelchblätter oben dunkelpurpurn gefärbt. Stengel liegend – aufrecht. Blätter blaugrün, handförmig zerteilt – gefiedert, mit 5 – 7 grob gesägten Teilblättchen.
SV: Moore. Braucht sauren, zumindest zeitweise wasserbedeckten Torf-(Schlamm-)Boden. Selten.

Schierlings-Reiherschnabel
Erodium cicutarium Storchschnabelgewächse *Geraniaceae*
April – Okt. 10 – 50 cm ⊙ – ⊙

B: Wenige Blüten stehen in den gedrängt doldenartigen Blütenständen am Ende der Stengel und Äste. Sie erreichen um 1 cm im Durchmesser. Stengel aufsteigend. Blätter unpaarig gefiedert, Teilblättchen fiederspaltig. Fruchtschnabel 3 – 4 cm lang.
SV: Äcker, Ödland. Zerstreut.

Schlitzblättriger Storchschnabel
Geranium dissectum Storchschnabelgewächse *Geraniaceae*
Mai – Okt. 10 – 50 cm ⊙ – ⊙

B: Blüten knapp 1 cm im Durchmesser, hellpurpurn, kurzstengelig. Je 2 auf gemeinsamem Stiel aus den Blattachseln: Stiel kürzer als das Blatt. Alle Blätter gestielt, fast bis zum Grund handförmig 5 – 7teilig zerschlitzt.
SV: Äcker, Gärten, Wege. Wärmeliebend. Zerstreut, im Norden selten.

Pyrenäen-Storchschnabel
Geranium pyrenaicum Storchschnabelgewächse *Geraniaceae*
Mai – Sept. 15 – 50 cm ♃

B: Teilblütenstände mit jeweils 2 Blüten, diese 1 – 1,5 cm im Durchmesser, purpurviolett. Blütenstandsstiel länger als sein Tragblatt. Stengel aufsteigend oder aufrecht. Blätter im Umriß rundlich, wenig tief mehrteilig.
SV: Äcker, Wege, Ödland, Wiesen. Meist auf Lehm. Zerstreut.

Ruprechts-Storchschnabel
Geranium robertianum Storchschnabelgewächse *Geraniaceae*
Juni – Okt. 15 – 50 cm ⊙ – ⊙

B: Blüten 1 – 2 cm breit, rosarot, kurzstengelig. Je 2 auf gemeinsamem Stiel aus den Blattachseln. Stiel viel länger als das Blatt. Blätter gestielt, in 3 – 5 fiederteilige Abschnitte gespalten.
SV: Wälder, Geröll, Mauern, Ödland. Stickstoffzeiger. Schatten- und luftfeuchtebedürftig. Häufig.

Sumpf-Storchschnabel
Geranium palustre
Storchschnabelgewächse
Geraniaceae
Juni – Sept. 20 – 100 cm ♃

B: Teilblütenstand zweiblütig. Blüten 2,5 – 3 cm im Durchmesser. Blütenblätter nur leicht ausgerandet, rotviolett. Stengel ästig, aufsteigend bis aufrecht, rauhhaarig. Blätter handförmig siebenteilig.
SV: Ufer, Gräben, feuchte Wiesen und lichte Wälder. Zerstreut.

Blutroter Storchschnabel
Geranium sanguineum Storchschnabelgewächse *Geraniaceae*
Juni – Aug. 10 – 50 cm ♃

B: Blüten 2,5 – 3 cm breit, karminrot. Einzeln aus den Blattachseln. Blütenblätter vorn ausgerandet. Stengel abstehend behaart. Blätter handförmig, tief 5 – 7teilig gelappt. Lappen wiederum in schmale Zipfel gespalten.
SV: Trockenwälder, Gebüsche, Raine. Kalkhold. Wärmeliebend. Selten.

Wald-Storchschnabel
Geranium sylvaticum Storchschnabelgewächse *Geraniaceae*
Juni – Sept. 30 – 60 cm ♃

B: Blütenstand straußartig, Teilblütenstände zweiblütig. Blüten rot- oder blauviolett, 2 – 3 cm im Durchmesser. Stengel aufrecht. Blätter tief, aber nicht bis zum Stielansatz (5 –)7teilig.
SV: Wälder und Wiesen in mittleren Höhenlagen; bis über 2000 m. Auf feuchten Böden. Selten.

Brauner Storchschnabel
Geranium phaeum Storchschnabelgewächse *Geraniaceae*
Juli – Okt. 20 – 50 cm ♃

B: Blüten bis 3 cm breit, braun-violett, weit offen; an den Stengelenden rispig gehäuft, je 2 auf gemeinsamem Stiel. Blätter wechselständig, 3 – 7fach handförmig gelappt, doch kaum bis zur Blattmitte eingeschnitten.
SV: Parks, Wälder, Wiesen. Zierpflanze, sehr selten verwildert.

Moschus-Malve *Malva moschata*
Malvengewächse *Malvaceae*
Juli – Sept. 30 – 60 cm ♃

B: Blüten am Stengelende kopfig gehäuft und einzeln in den Blattachseln, hellrosa, 4 – 5 cm im Durchmesser. Außenkelchblätter nur um 1 mm breit. Obere Blätter handförmig 5 – 7teilig. Haare am Stengel unverzweigt (Lupe!).
SV: Trockenrasen, Raine, Bahn- und Straßendämme. Selten, aber oft in kleineren Beständen.

Wilde Malve *Malva sylvestris*
Malvengewächse *Malvaceae*
Juli – Sept. 20 – 120 cm ♃

B: Blüten zu 2 – 6 in den Blattachseln, bis 4 cm breit. Blütenblätter schmal, etwas ungleich, vorn buchtig gerandet. Stengel aufrecht. Obere Blätter auf höchstens 2/3 handförmig gelappt, die Lappen gezähnt-gekerbt.
SV: Wege, Schuttstellen. Stickstoffzeiger; alte Zierpflanze, selten verwildert, unbeständig.

Weg-Malve *Malva neglecta*
Malvengewächse *Malvaceae*
Juni – Sept. 30 – 50 cm ⊙ – ♃

B: Blüten in Büscheln in den Blattachseln, blaßrosa bis fast weiß. Blüte nur trichterig geöffnet. Blütenblattlänge 8 – 15 mm. Blüte deutlich länger als der Kelch. Fruchtstiel abwärts gebogen. Stengel niederliegend. Blätter handförmig eingeschnitten, bis höchstens 2/3 ihrer Länge.
SV: Dorfanger, Wege. Zerstreut.

Wald-Brustwurz *Angelica sylvestris* Doldengewächse *Apiaceae (Umbelliferae)*

Juli – Sept. 50 – 200 cm ♃

B: Zusammengesetzte Dolde mit verkümmerter Hülle. Hüllchen vorhanden. Stengel aufrecht, hohl, blaurötlich, hell bereift. Blätter mehrfach gefiedert, die Scheiden auffällig bauchig aufgetrieben, obere ohne Blätter.

SV: Ufer, nasse Wälder und Wiesen. Volksheilpflanze. Häufig.

Mehl-Primel *Primula farinosa* Primelgewächse *Primulaceae*

Mai – Juli 5 – 20 cm ♃

B: Blüten in einer allseitswendigen Dolde, um 2 cm im Durchmesser. Blütenzipfel flach ausgebreitet, auf 1/4 – 1/3 ihrer Länge eingekerbt. Kelch nur um 5 mm lang. Blätter fast ganzrandig, nicht runzelig, unterseits mehlig bestäubt.

SV: Kalkhaltige Flachmoore, Bergwiesen, Matten. Sehr selten, im Alpenraum zerstreut.

Roter Gauchheil *Anagallis arvensis* Primelgewächse *Primulaceae*

Juli – Okt. 8 – 15 cm ⊙

B: Blüten blattachselständig, ziegelrot. Blütenblätter ganzrandig. Stengel niederliegend, vorn oft aufgebogen. Blätter gegenständig, selten in Dreierquirlen, eiförmig, sitzend.

SV: Hackfruchtäcker, Gärten, Wege, Schuttplätze. Lehmzeiger; auf nährstoffreichen Böden. Häufig, doch nicht über der Ackerbaugrenze.

Milchkraut *Glaux maritima*
Primelgewächse *Primulaceae*
Mai – Juni 5 – 15 cm ♃

B: Blüten einzeln in den Achseln der mittleren Blätter, 6 – 8 mm im Durchmesser, hell rosarot, gegen den Schlund etwas dunkler. Stengel niederliegend oder aufsteigend. Blätter fleischig, nur um 3 mm lang, dicht gedrängt am Stengel sitzend.
SV: Kochsalzbedürftig; Meeresstrand; Salzquellen im Binnenland. Selten.

Gemeine Grasnelke *Armeria maritima* Strandnelkengewächse *Plumbaginaceae*
Mai – Sept. 20 – 40 cm ♃

B: Köpfchen aus hellrosa – purpurroten Blüten, von schuppigen Hochblättern umgeben, ca. 2 cm breit, auf blattlosem Schaft. Grundblätter dicklich-steif, schmal grasartig, 1 – 2 mm breit.
SV: Strand, Trockenrasen, Felsen. Salzhart. Formenreich. Vom Meer bis in die Alpen. Sehr selten.

Echtes Tausendgüldenkraut
Centaurium erythraea
Enziangewächse *Gentianaceae*
Juli – Okt. 10 – 50 cm ⊙

B: 10 – 40 Blüten stehen in einem lockeren, doldenartigen Blütenstand. Blüten um 1 cm im Durchmesser. Stengel aufrecht, nur im Bereich des Blütenstands verzweigt. Stengelblätter länglich. Blattrosette am Stengelgrund.
SV: Lichte Laubwälder, Trockenrasen. Zerstreut.

Acker-Winde *Convolvulus arvensis* Windengewächse *Convolvulaceae*

Juni – Okt. 30 – 100 cm ♃

B: Blüten einzeln, selten zu 2 – 3 in den Blattachseln, trichterig verwachsen. Stengel niederliegend oder (links-)windend. Blätter wechselständig, gestielt, am Grund pfeil – spießförmig.
SV: Äcker, Gärten, Wege, Schuttplätze. Stickstoffzeiger. Auf nicht zu trockenen Lehmböden in warmer Klimalage. Häufig.

Nessel-Seide *Cuscuta europaea* Seidengewächse *Cuscutaceae*

Juni – Sept. 20 – 100 cm ⊙

B: Schmarotzer, der auf seinen Wirtspflanzen (Brennessel, Ufer-Zaunwinde und Beifuß) ein dichtes Geflecht von fadenartig dünnen Stengeln ausbildet, an dem die zahlreichen Blüten knäuelig gehäuft sitzen. Meist sind die Blüten rötlich, gelegentlich aber fast weiß. Blüten unscheinbar.
SV: Ödland, Ufer. Selten.

Gemeiner Beinwell *Symphytum officinale* ssp. *officinale* Borretschgewächse *Boraginaceae*

Mai – Sept. 30 – 100 cm ♃

B: Doldenartiger Blütenstand. Blüten nickend, schmalglockig, rötlich. Stengel meist aufrecht. Blätter länglich-eiförmig, deutlich am Stengel herablaufend. Ganze Pflanze rauhhaarig.
SV: Feuchtwiesen, Ufer, Gräben, Schuttstellen, Wälder. Feuchtezeiger. Zerstreut, oft unbeständig.

Dunkles Lungenkraut
Pulmonaria obscura Borretschgewächse *Boraginaceae*
März – April 15 – 40 cm ♃

B: Mehrere Blüten stehen in einem gedrängten, doldenartigen Blütenstand beisammen. Blüten erblühen rot, werden dann violett und verblühen blau. Grundständige Blätter nicht in den Stiel verschmälert, doppelt so lang wie breit, nicht fleckig.
SV: Wälder. Auf Lehm. Zerstreut. (Vergl. auch S. 128.)

Eisenkraut *Verbena officinalis*
Eisenkrautgewächse *Verbenaceae*
Juli – Okt. 30 – 60 cm ⊙ – ♃

B: Stengel aufrecht, meist reichverzweigt. An allen Enden lange, lockere Ähren aus nur 3 – 5 mm langen, rotvioletten – blaßlila Blüten. Mittlere Stengelblätter dreispaltig, am Rand gekerbt.
SV: Wege, Dämme, Schuttstellen. Wärme- und lichtbedürftig. Stickstoffzeiger. Mittelmeerpflanze. Zerstreut, in Hochlagen selten.

Tollkirsche
Atropa bella donna
Nachtschattengewächse
Solanaceae
Juni – Juli 50 – 150 cm ♃

B: Blüten einzeln in den Achseln der oberen Blätter, grünlich-rot überlaufen, mit braunroten oder braunvioletten Zipfeln, 2 – 3 cm lang. Stengel aufrecht, sparrig verzweigt. Meist 1 großes und 1 kleines Blatt beieinander. Blätter herablaufend.
SV: Lichte Waldstellen. Häufig.

Stein-Baldrian *Valeriana tripteris* Baldriangewächse *Valerianaceae*
April – Juni 15 – 40 cm ♃

B: Vielblütige, doldenartige Rispe. Blüten um 3 mm lang, hell rosa. Stengel aufrecht, mit 2 – 8 Blattpaaren. Stengelblätter gefiedert oder dreiteilig, meist grob gezähnt, nach oben kleiner werdend, gegenständig.
SV: Auf mäßig feuchten Schutt- und Geröllhalden. Selten.

Kleiner Baldrian *Valeriana dioica* Baldriangewächse *Valerianaceae*
Mai – Juli 10 – 30 cm ♃

B: Blüten doldenartig am Ende von Stengel und Ästen. Weibliche und männliche Blüten befinden sich auf verschiedenen Individuen. Männliche Blüten rosa, weibliche weiß. Grundblätter ungeteilt, andere fiederteilig.
SV: Ufer, feuchte Wiesen und lichte Wälder. Zerstreut.

Echter Baldrian *Valeriana officinalis* Baldriangewächse *Valerianaceae*
Juli – Sept. 30 – 170 cm ♃

B: Große, doldenartige Rispen. Blüten 3 – 8 mm lang, fleischrot – rötlichweiß. Stengel aufrecht, hohl. Blätter gegenständig, alle unpaarig gefiedert, 15 – 21 Teilblättchen, eiförmig, gezähnt.
SV: Feuchte Stellen der Wälder und Wiesen, Gräben. Sehr formenreich. Heilpflanze. Sehr häufig.

Schwanenblume *Butomus umbellatus* Wasserlieschgewächse *Butomaceae*

Juni – Aug. 50 – 150 cm ♃

B: 10 – 30 Blüten stehen in einem lockeren, doldenartigen Blütenstand. Sie erreichen bis 2 cm im Durchmesser. Äußere Blütenblätter kürzer und schmäler als die inneren. Grundblätter schilfartig, rinnig, steif aufrecht.
SV: Röhricht meist stehender Gewässer. Schlammzeiger. Selten.

Herbst-Zeitlose *Colchicum autumnale* Liliengewächse *Liliaceae*

Aug. – Okt. 5 – 20 cm ♃

B: Blüten einzeln aus der Erde brechend, mit weißlichem „Stiel". Zipfel der Blüte 4 – 7 cm lang. Die tulpenartigen Blätter erscheinen erst im nächsten Frühjahr, zusammen mit der großen, dreikantigen Fruchtkapsel.
SV: Wiesen, Wälder. Stickstoffzeiger, licht- und feuchtigkeitsliebend. Häufig. Sehr giftig!

Gemüse-Lauch *Allium oleraceum* Liliengewächse *Liliaceae*

Juni – Aug. 30 – 70 cm ♃

B: Einzelne, meist geschlossene Blüten zwischen Brutzwiebeln, die in einem kugeligen Kopf stehen. Stengel nur unten beblättert. Blätter rund-zusammengedrückt, bis 5 mm breit.
SV: Trockenrasen, Raine und Dämme, Wege, Weinberge. Auf kalk- und nährstoffreichen, lockeren Lehmböden. Wärmeliebend; zerstreut.

Türkenbund-Lilie *Lilium martagon* Liliengewächse *Liliaceae*
Juni – Aug. 30 – 120 cm ♃

B: Lockere, endständige Traube aus 2 bis vielen nickenden, 4 – 7 cm breiten Blüten. Blütenblätter dunkel gepunktet und nach oben geschlagen. Stengel aufrecht. Blätter quirlständig, schmal eiförmig, ganzrandig, parallelnervig.
SV: Lichte Wälder. Kalk- und nährstoffliebend. Mullbodenpflanze. Zerstreut, im Norden selten.

Sommer-Adonisröschen *Adonis aestivalis* Hahnenfußgewächse *Ranunculaceae*
Mai – Juli 30 – 50 cm ⊙

B: Blüten einzeln am Ende des Stengels oder der (selten vorhandenen) Äste. Kelchblätter den Blütenblättern anliegend, kahl. Stengel aufrecht, kahl. Blätter 2 – 3fach gefiedert. Blattzipfel sehr schmal.
SV: Äcker, Schuttplätze. Durch Unkrautbekämpfung in vielen Gegenden sehr selten geworden.

Blut-Weiderich *Lythrum salicaria* Weiderichgewächse *Lythraceae*
Juli – Sept. 60 – 160 cm ♃

B: Lange Ähre aus quirlständigen, 1 – 2 cm breiten Blüten. Stengel aufrecht, vierkantig. Blätter gekreuzt gegenständig, zuweilen auch in Dreierquirlen, lanzettlich, sitzend. Pflanze kurzhaarig.
SV: Ufer, Gräben, Röhricht, Moore, Naßwiesen, nasse Wälder. Auf nährstoffreichen, nassen, aber wenig sauren Böden. Häufig.

Wasserdost *Eupatorium cannabinum* Korbblütengewächse *Asteraceae (Compositae)*

Juli – Sept. 70 – 150 cm ⊙ – ♃

B: Körbchen doldenartig am Ende des Stengels. Körbchen klein, Blüten unscheinbar, alle röhrenförmig. Stengel aufrecht. Blätter teilweise gegenständig, 3 – 5teilig. Teilblättchen gesägt.
SV: Lichte Stellen in Wäldern, Waldränder, Ufer. Feuchtigkeitszeiger. Meist auf Kalk. Häufig.

Grauer Alpendost *Adenostyles alliariae* Korbblütengewächse *Asteraceae (Compositae)*

Juli – Aug. 50 – 150 cm ♃

B: Armblütige Körbchen zu einem ausladenden doldig-rispigen Gesamtblütenstand vereinigt. Blätter sehr groß, nieren – herzförmig, grob gezähnt, unterseits graufilzig; oberste Blätter sitzend.
SV: Lichte Bergwälder, Hochstaudenfluren. Nur in den Alpen und im Schwarzwald. Zerstreut.

Rote Pestwurz *Petasites hybridus* Korbblütengewächse *Asteraceae (Compositae)*

März – April 30 – 60 cm ♃

B: Körbchen in einer dichten, gedrungenen Traube. Blüten klein und unscheinbar; nur Röhrenblüten. Pflanze zur Blütezeit ohne Blätter, nur mit Blattschuppen. Die sehr großen Blätter erscheinen erst nach der Blütezeit.
SV: Ufer, Gräben, Flußauen, Waldränder. Meist auf Kalk. Häufig.

Zweihäusiges Katzenpfötchen
Antennaria dioica Korbblütengewächse *Asteraceae (Compositae)*
Mai – Juni 8 – 25 cm ♃

B: Körbchen am Stengelende doldig-traubig gedrängt. Nur Röhrenblüten. Hüllblätter weißlich (männliche) oder dunkelrosa (weibliche Körbchen). Blätter spatelig, graufilzig. Rosetten. Ausläufer.
SV: Trockene Raine und Wälder. Auf nährstoff- und kalkarmen Sandböden. Zerstreut.

Berg-Distel *Carduus defloratus* Korbblütengewächse *Asteraceae (Compositae)*
Juni – Okt. 30 – 120 cm ♃

B: Nur ein einzelnes Blütenkörbchen am Ende des Stengels. Körbchen 1 – 3 cm im Durchmesser; nur Röhrenblüten. Körbchen aufrecht. Stengel im oberen Teil unbeblättert oder mit nur kleinen Blättern. Untere Blätter gefiedert, weichdornig.
SV: Lichte Wälder, Gebüsche, Bergwiesen. Nur im Süden. Selten.

Nickende Distel *Carduus nutans* Korbblütengewächse *Asteraceae (Compositae)*
Juli – Aug. 30 – 100 cm ⊙

B: Endständige Blütenkörbchen am wenig verzweigten Stengel, nikkend, 4 – 7 cm breit. Nur Röhrenblüten. Hüllblätter und Stengel stachelig. Blätter fiederspaltig, langstachelig. Frucht mit Kranz aus einfachen Haaren.
SV: Äcker, Wegränder, Ödland, Alpenweiden. Kalkhold. Zerstreut.

Lanzett-Kratzdistel
Cirsium vulgare
Korbblütengewächse
Asteraceae (Compositae)
Juni – Okt. 60 – 130 cm ⊙

B: Am Ende des Stengels und seiner Äste jeweils 1 Blütenkörbchen, das bis 4 cm im Durchmesser erreichen kann. Nur Röhrenblüten. Hülle des Körbchens schwach spinnwebig. Blätter am Stengel herablaufend.
SV: Wege, Ödland, Schuttplätze. Stickstoffzeiger. Häufig.

Sumpf-Kratzdistel *Cirsium palustre* Korbblütengewächse *Asteraceae (Compositae)*
Juli–Sept. 90 – 200 cm ⊙–⊙

B: Viele aufrechte, ca 1,5 cm lange Blütenkörbchen, gehäuft an den Enden des wenig verzweigten Stengels. Nur Röhrenblüten. Stengel stachelig geflügelt. Blätter langstachelig. Frucht mit Kranz aus gefiederten Haaren (Lupe!).
SV: Nasse Wiesen und Wälder. Kalk- und schattenmeidend. Häufig.

Woll-Kratzdistel *Cirsium eriophorum* Korbblütengewächse *Asteraceae (Compositae)*
Juli – Sept. 50 – 150 cm ⊙

B: Am Ende des Stengels und seiner Äste jeweils 1 Blütenkörbchen, das 4 – 7 cm im Durchmesser erreichen kann. Nur Röhrenblüten. Hülle des Körbchens stark spinnwebig. Blätter nicht am Stengel herablaufend, unten weißfilzig.
SV: Wege, Viehweiden; auf schweren Böden. Zerstreut.

Färber-Scharte *Serratula tinctoria* Korbblütengewächse *Asteraceae (Compositae)*
Juli – Sept. 30 – 100 cm ♃

B: 10 – 40 Körbchen an den Enden des doldig-rispig verzweigten Stengels, etwa 1,5 cm lang. Nur Röhrenblüten. Blätter ungeteilt oder fiederschnittig, stets auffällig scharf gesägt. Frucht und Fruchtknoten mit Haarkranz.
SV: Lichte, feuchte Wälder, Moorwiesen, Ufer. Tonzeiger. Selten.

Schwarze Flockenblume *Centaurea nigra* Korbblütengewächse *Asteraceae (Compositae)*
Juli – Sept. 20 – 80 cm ♃

B: Am Ende des Stengels und seiner wenigen Äste je 1 Blütenkörbchen, das 2,5 – 3,5 cm im Durchmesser erreicht. Nur Röhrenblüten, von denen die randlichen nicht vergrößert sind. Stengel aufrecht. Blätter lanzettlich.
SV: Waldränder, Heiden, Bergwiesen. Kalkscheu. Zerstreut.

Wiesen-Flockenblume *Centaurea jacea* Korbblütengewächse *Asteraceae (Compositae)*
Juni – Okt. 30 – 100 cm ♃

B: Je ein Blütenkörbchen an den Enden der spärlichen, langen Äste. Nur Röhrenblüten, die randständigen deutlich vergrößert. Mittlere und obere Blätter ungeteilt, wechselständig.
SV: Trockene Rasen, Wiesen, Wegränder. Auf lockeren, offenen Lehmböden. Formenreich. Häufig.

Skabiosen-Flockenblume *Centaurea scabiosa* Korbblütengewächse *Asteraceae (Compositae)*
Juli – Aug. 30 – 130 cm ♃

B: Am Ende des Stengels und seiner wenigen Äste je 1 Blütenkörbchen, das 3,5 – 6 cm im Durchmesser erreicht. Nur Röhrenblüten, von denen die randlichen vergrößert sind. Hüllblätter des Körbchens mit dunkelbraunem Rand. Stengelblätter fiederteilig.
SV: Kalktrockenrasen. Zerstreut.

Filzige Klette *Arctium tomentosum* Korbblütengewächse *Asteraceae (Compositae)*
Juli – Aug. 50 – 150 cm ⊙

B: 5 – 50 Blütenkörbchen in einem endständigen, doldig-rispigen Blütenstand, 2 – 3 cm breit, die Hülle stark spinnwebig behaart, hakig (Klette!). Nur Röhrenblüten. Blätter groß, rundlich-eiförmig, gestielt, unterseits filzig.
SV: Wege, Schuttstellen, Ufer. Kalkhold. Kulturfolger. Zerstreut.

Hain-Klette *Arctium nemorosum* Korbblütengewächse *Asteraceae (Compositae)*
Juli – Aug. 100 – 250 cm ⊙

B: 2 – 5 Blütenkörbchen sitzen traubig am Ende des Stengels und der Äste. Hülle nur schwach spinnwebig; Hüllblättchen wenig hakig. Nur (wenige) Röhrenblüten. Blätter sehr groß, am Grund schwach herzförmig. Blattstiele hohl.
SV: Lichte Stellen in Wäldern, Kahlschläge. Zerstreut.

Große Klette *Arctium lappa*
Korbblütengewächse
Asteraceae (Compositae)
Juli – Sept. 70 – 150 cm ⊙

B: Blütenkörbchen stehen in einer schirmartig verbreiterten Traube, 2 – 3 cm breit, Hüllblätter kaum spinnwebig behaart, hakig (Klette!). Nur Röhrenblüten. Blattstiele markig. Blätter groß, unterseits grau, rundlich.
SV: Wege, Schuttstellen. Auf stickstoffreichen Lehmen. Zerstreut.

Roter Hasenlattich *Prenanthes purpurea* Korbblütengewächse
Cichoriaceae (Compositae)
Juli – Aug. 60 – 160 cm ⊙

B: Zahlreiche Blütenkörbchen stehen in einer lockeren Rispe. Körbchen mit 3 – 5 Zungenblüten, 1,5 – 2 cm lang, grazil. Stengel erst im oberen Teil verzweigt. Blätter kahl, mit herzförmigem Grund stengelumfassend.
SV: Lichte Wälder. Eher etwas kalkscheu. Selten.

Orangerotes Habichtskraut
Hieracium aurantiacum
Korbblütengewächse
Cichoriaceae (Compositae)
Juni – Aug. 20 – 50 cm ♃

B: 5 – 20 Körbchen stehen rispigdoldig am Ende des sonst unverzweigten Stengels. Nur Zungenblüten, orangegelb-braunrot. Blätter rosettig, länglich zungenförmig. Ganze Pflanze abstehend behaart.
SV: Alpine Matten und Gebüsche. Als Zierpflanze häufig. Selten verwildert; Alpen: zerstreut.

Rotes Waldvögelein
Cephalanthera rubra
Orchideengewächse *Orchidaceae*
Mai – Juli 20 – 80 cm ♃

B: 4 – 12 Blüten stehen in einer lockeren Ähre. Meist nur einige von ihnen voll geöffnet. Lippe spornlos. Seitliche Blütenblätter stehen bei geöffneten Blüten weit ab. Blätter eilänglich, 6 – 12 cm lang und 2 – 4 cm breit.
SV: Lichte Laubwälder. Wärmeliebend. Sehr selten.

Schwarzrote Sitter
Epipactis atrorubens
Orchideengewächse *Orchidaceae*
Juni – Aug. 30 – 60 cm ♃

B: Lockere, leicht einseitswendige Ähre. Blüten ungespornt, ca. 1 cm breit. Äußere Blütenblätter glockig abstehend, Lippe durch eine Querschnürung zweiteilig. Blätter länglich-eiförmig.
SV: Wälder, Heiden. Auf trockenwarmen, nährstoffarmen, aber kalkreichen Steinböden. Selten.

Pyramiden-Hundswurz
Anacamptis pyramidalis
Orchideengewächse *Orchidaceae*
Juni – Juli 20 – 50 cm ♃

B: Blütenstand zuerst pyramidenförmig, dann kurz walzlich. Blüten karminrot, mit fadenförmigem, sehr dünnem Sporn. Unterlippe breiter als lang, tief in drei Zipfel geteilt. Mittelzipfel schmaler als Seitenzipfel.
SV: Trockenrasen, trockene Wälder und Gebüsche. Sehr selten.

Kleines Knabenkraut *Orchis morio* Orchideengewächse *Orchidaceae*

Mai – Juni 8 – 40 cm ♃

B: Lockere, wenigblütige Ähre. Obere Blütenblätter zusammenneigend, Lippe 4lappig, mit kurzem, waagrecht abstehendem Sporn. Stengel kantig. Blätter länglich-lanzettlich, unten scheidig.
SV: Halbtrockenrasen. Kalkneutral, doch sehr empfindlich gegen Stickstoffdüngung. Heute selten geworden, im Norden sehr selten.

Brand-Knabenkraut *Orchis ustulata* Orchideengewächse *Orchidaceae*

Mai – Juni 15 – 30 cm ♃

B: Blüten stehen dicht in kurzer, gedrungen walzlicher Ähre. Sie werden nur etwa 5 mm lang, sind als Knospe braunrot, dann durch die weiße, rotgepunktete Lippe gekennzeichnet; übrige Blütenblätter zusammenneigend.
SV: Trockenrasen auf Kalk. Nur Süddeutschland. Sehr selten.

Helm-Knabenkraut *Orchis militaris* Orchideengewächse *Orchidaceae*

Mai – Juni 20 – 50 cm ♃

B: Vielblütige Ähre. Äußere Blütenblätter zusammenneigend, Lippe lang, mit 4 schmalen Zipfeln, Sporn kurz, dick, abwärts gebogen. Blätter länglich eiförmig, scheidig den Stengel umfassend.
SV: Halbtrockenrasen, Magerwiesen, Gebüsche, lichte Wälder. Auf kalkhaltigen, zeitweise etwas feuchten Lehm – Tonböden. Zerstreut.

Purpur-Knabenkraut *Orchis purpurea* Orchideengewächse *Orchidaceae*
Mai – Juni 30 – 80 cm ♃

B: Blüten stehen dicht in einer 5 – 10 cm langen Ähre. Blüten 2 – 2,5 cm lang, als Knospe braunrot, dann durch die rotgepunktete, sehr hellrosafarbene Lippe gekennzeichnet. Lippe in 4 Zipfel geteilt. Seitenzipfel schmal.
SV: Wälder auf feuchtem Kalkboden. Wärmeliebend. Sehr selten.

Stattliches Knabenkraut *Orchis mascula* Orchideengewächse *Orchidaceae*
Mai – Juni 20 – 50 cm ♃

B: Lange, dichte Ähre. Äußere Blütenblätter stehen ab; Lippe 4lappig, dunkel gefleckt, mit waagrechtem Sporn. Blätter eiförmig-lanzettlich, in der Mitte am breitesten, scheidig.
SV: Halbtrockenrasen, Gebüsche, lichte Wälder. Düngerfliehend. Zerstreut, im Norden selten.

Gefleckte Kuckucksblume *Dactylorhiza maculata* Orchideengewächse *Orchidaceae*
Juni – Juli 20 – 60 cm ♃

B: Blüten stehen dicht in einer zunächst pyramidenförmigen, dann walzlichen, 4 – 8 cm langen Ähre. Blüten sehr hell rosa, oft fast weiß. Sporn walzlich, abwärts geneigt. Lippe um 1 cm lang und etwa ebenso breit, Mittelzipfel spitz.
SV: Feuchte Wälder, Heiden, Trokkenrasen, Flachmoore. Zerstreut.

Fleischrote Kuckucksblume
Dactylorhiza incarnata
Orchideengewächse *Orchidaceae*
Mai – Juli 20 – 60 cm ♃

B: Dichte, walzliche Ähre mit schmalen, grünen Tragblättchen durchsetzt. Blüten fleischfarben-hellrot. Blütenlippe undeutlich 3teilig, Sporn abwärts geneigt. 5 – 6 steife, ungefleckte, langgezogene Stengelblätter.
SV: Sumpfwiesen, Flachmoore. Auf nährstoffreichen Böden. Selten.

Breitblättrige Kuckucksblume
Dactylorhiza majalis
Orchideengewächse *Orchidaceae*
Mai – Juli 10 – 50 cm ♃

B: Blüten stehen dicht in einer zunächst pyramidenförmigen, dann walzlichen, mit Tragblättern durchsetzten Ähre. Sie sind purpurrot. Sporn walzlich, abwärts gerichtet. Stengelblätter stets dunkel gefleckt.
SV: Nasse Wiesen, Flachmoore. Etwas kalkscheu. Zerstreut.

Große Händelwurz *Gymnadenia conopsea* Orchideengewächse *Orchidaceae*
Mai – Aug. 10 – 60 cm ♃

B: Dichtblütige, walzlich-pyramidale Ähre. Blüten rosa-hellpurpurn. Lippe breit, 3lappig; Sporn dünn und sehr lang. Stengel aufrecht. Blätter lanzettlich.
SV: Flachmoore, Halbtrockenrasen, lichte Wälder und Gebüsche. Kalkhold. Auf eher nährstoffarmen, ab und zu feuchten Böden. Zerstreut.

Hohler Lerchensporn
Corydalis cava
Mohngewächse *Papaveraceae*
März – Mai 15 – 30 cm ♃

B: 10 – 20 Blüten stehen in mäßig dichter Traube. Ihre Tragblätter sind ganzrandig. Stengel aufrecht, unverzweigt, mit 2 wechselständigen, doppelt dreiteiligen Blättern. Blütenfarben auch blauviolett und weiß.
SV: Gebüsche, feuchte Laubwälder. Bildet oft ausgedehnte Bestände. Zerstreut.

Gefingerter Lerchensporn
Corydalis solida
Mohngewächse *Papaveraceae*
April – Mai 15 – 30 cm ♃

B: Trauben aus weißen und aus rötlichen, gespornten Blüten. Deren Tragblättchen gefingert. 2 – 3 kahle, blaugrüne Stengelblätter, doppelt 3teilig.
SV: Wälder, Gebüsche. Auf mull- und nährstoffreichen, schwach feuchten, zuweilen kalkarmen Böden. Selten (fehlt im Norden).

Echter Erdrauch
Fumaria officinalis
Mohngewächse *Papaveraceae*
Mai – Okt. 15 – 30 cm ⊙

B: 10 – 50 Blüten stehen in einer lockeren, walzlichen Traube. Sie werden 6 – 9 mm lang, sind hellpurpurn, an der Spitze schwarz-rot. Stengel aufsteigend oder aufrecht. Blätter doppelt fiederteilig, Zipfel um 2 mm breit.
SV: Äcker, Ödland, Schuttplätze, Gärten. Häufig.

Bunte Kronwicke *Coronilla varia*
Schmetterlingsblütengewächse
Fabaceae (Leguminosae)
Juni – Sept. 30 – 130 cm ♃

B: Gestielte, 10 – 20blütige Dolden aus den Blattachseln. Hellrosa Blüten, 1 – 1,5 cm lang. Stengel kantig, niederliegend – aufsteigend. Langgestielte, unpaarig gefiederte Blätter; Teilblättchen schmal eiförmig, kurz gestielt.
SV: Raine, Wege, Gebüsche. Kalkhold. Bodenverbesserer. Zerstreut.

Rot-Klee *Trifolium pratense*
Schmetterlingsblütengewächse
Fabaceae (Leguminosae)
Juni – Okt. 15 – 40 cm ♃

B: Oft 2 kugelige Blütenstände am Stengelende, von denen meist nur einer voll erblüht ist. Länge 2 – 3,5 cm. Kelch halb so lang wie die Blüte, 10nervig. Stengel meist aufrecht, deutlich behaart.
SV: Wiesen, Gebüsche, Wege. Oft angebaut. Sehr häufig.

Zickzack-Klee *Trifolium medium*
Schmetterlingsblütengewächse
Fabaceae (Leguminosae)
Juni – Aug. 30 – 50 cm ♃

B: Viele einzelstehende Blütenköpfchen, 2 – 4 cm lang, 2 – 3 cm breit. Kelch kahl, Kelchzähne bewimpert. Stengel behaart, meist knickig aufsteigend. Blätter dreigeteilt, Teilblättchen länglich.
SV: Halbtrockenrasen, Gebüsche, lichte Wälder. Lehm- und Wärmezeiger. Häufig, im Norden seltener.

Purpur-Klee
Trifolium rubens
Schmetterlingsblütengewächse
Fabaceae (Leguminosae)
Juni – Juli 30 – 60 cm ♃

B: Meist nur 1, selten 2 walzliche Blütenstände am Stengelende, 3 – 7 cm lang, 2 – 3 cm breit. Kelch kahl, Kelchzähne bewimpert. Stengel kahl. Teilblättchen bis 6 cm lang und 3 – 8mal länger als breit.
SV: Gebüsche, lichte Wälder. Meist auf Lehmboden. Selten.

Persischer Klee
Trifolium resupinatum
Schmetterlingsblütengewächse
Fabaceae (Leguminosae)
April – Sept. 10 – 50 cm ⊙

B: Gestielte Köpfchen in den Achseln der oberen Blätter. Hellrosa Schmetterlingsblüten um 180° gedreht, so daß die Fahne wie eine Lippe nach unten steht. Blätter 3zählig, Teilblättchen länglich-eiförmig, ringsum gezähnt.
SV: Raine, Wege, Schutt. Wärmeliebend. Angebaut; selten verwildert.

Esparsette
Onobrychis viciifolia
Schmetterlingsblütengewächse
Fabaceae (Leguminosae)
Mai – Juli 30 – 60 cm ♃

B: Zahlreiche Blüten stehen in einer langen, lockeren, zuerst pyramidenförmigen, dann walzlichen Traube. Blüten 1 – 1,5 cm lang. Stengel aufsteigend oder aufrecht. Blätter mit 9 – 29 Teilblättchen.
SV: Trockene Rasen, Wiesen, Wegränder. Zerstreut (auch angebaut).

Futter-Wicke
Vicia sativa
Schmetterlingsblütengewächse
Fabaceae (Leguminosae)
Mai – Juli 30 – 80 cm ⊙

B: Blüten einzeln oder paarweise kurzgestielt in den Blattachseln, 2 – 2,5 cm lang. Stengel aufsteigend. Blätter unpaarig gefiedert, meist mit geteilter Endranke. Teilblättchen zu 8 – 12, länglich, vorn gespitzt.
SV: Äcker, Schuttstellen. Formenreich. Zerstreut, auch angebaut.

Wald-Platterbse
Lathyrus sylvestris
Schmetterlingsblütengewächse
Fabaceae (Leguminosae)
Juli – Aug. 90 – 200 cm ♃

B: 3 – 10 Blüten in sehr lockerer Traube, 1,2 – 1,8 cm lang, hell purpurrot. Stengel niederliegend, aufsteigend, kletternd, vierkantig, mit 2 deutlichen Flügeln. Nur 2 Teilblättchen und gefiederte Ranke.
SV: Lichte Wälder, überwachsene Steinschutthalden. Zerstreut.

Erdnuß-Platterbse *Lathyrus tuberosus* Schmetterlingsblütengewächse *Fabaceae (Leguminosae)*
Juni – Sept. 30 – 120 cm ♃

B: Lockere, langgestielte Trauben in den Blattachseln. Blüten groß, leuchtend rot, duftend. Blätter mit 2 lanzettlichen Teilblättchen und einer gefiederten Endranke. Unterirdische Knollen.
SV: Getreideäcker, Ödland. Kalkhold, wärmeliebend. Zerstreut, doch nur im Weizenanbaugebiet.

Schwarzwerdende Platterbse
Lathyrus niger
Schmetterlingsblütengewächse
Fabaceae (Leguminosae)
Mai – Juli 30 – 80 cm ♃

B: 3 – 12 Blüten stehen in einer lockeren, langgestielten Traube. Blüten 1 – 1,5 cm lang, verwaschen purpurn, die Blütenblätter oft heller als die Adern. Blätter mit 8 – 12 Teilblättchen. Pflanze wird beim Trocknen schwarz.
SV: Wälder. Kalkscheu. Selten.

Berg-Platterbse *Lathyrus linifolius* Schmetterlingsblütengewächse *Fabaceae (Leguminoseae)*
April – Juni 15 – 40 cm ♃

B: Gestielte, lockere, 3 – 6blütige Trauben in den Blattachseln. Blüten erst rot, dann trübblau. Stengel schmal geflügelt. Blätter blaugrün, paarig gefiedert; 4 – 6 schmallanzettliche Teilblättchen.
SV: Wälder, Heiden, Bergwiesen. Auf sauren, nährstoffarmen Böden. Zerstreut; örtlich (Kalk!) selten.

Frühlings-Platterbse
Lathyrus vernus
Schmetterlingsblütengewächse
Fabaceae (Leguminosae)
April – Juni 20 – 60 cm ♃

B: 2 – 7 Blüten stehen in einer lockeren Traube blattachselständig. Blüten 1,5 – 2 cm lang, erst rot, dann schmutzig blau. Stengel kantig, ungeflügelt. Blätter mit 4 – 6 breit eilanzettlichen Teilblättchen.
SV: Laubwälder auf Kalkboden. Zerstreut, örtlich häufig.

Schopfiges Kreuzblümchen *Polygala comosa* Kreuzblümchengewächse *Polygalaceae*
Mai – Juni 5 – 25 cm ♃

B: Erst dichte, später verlängerte, endständige Traube. Die Spitzen der Tragblättchen überragen die Blütenknospen. Blüten meist rot. Stengel aufsteigend – aufrecht. Blätter wechselständig, spatelig bis verkehrt eiförmig (s. S. 141, oben).
SV: Raine, Magerwiesen. Kalkhold. Zerstreut, im Norden selten.

Indisches Springkraut *Impatiens glandulifera* Springkrautgewächse *Balsaminaceae*
Juni – Okt. 50 – 200 cm ⊙

B: 5 – 20 Blüten stehen in blattachselständigen, aufrechten Trauben. Blüten 2,5 – 4 cm lang, mit kurzem, abwärts gekrümmtem Sporn. Stengel aufrecht, meist unverzweigt. Blätter 10 – 25 cm lang, scharf gesägt.
SV: Nasse Wälder, Ufer. Aus Gärten verwildert. Zerstreut.

Edel-Gamander *Teucrium chamaedrys* Lippenblütengewächse *Lamiaceae (Labiatae)*
Juli – Sept. 15 – 30 cm ♃

B: Je 2 – 6 Blüten sitzen in den oberen Blattachseln. Keine Oberlippe; Unterlippe hellrötlich, 5lappig. Stengel aufsteigend – aufrecht. Blätter gegenständig, länglich-keilförmig, kerbzähnig.
SV: Trockenrasen, Gebüsche. Wärme- und kalkliebend. Fehlt in Norddeutschland, sonst zerstreut.

Stechender Hohlzahn
Galeopsis tetrahit
Lippenblütengewächse
Lamiaceae (Labiatae)
Juli – Okt. 10 – 80 cm ⊙–⊙

B: 10 – 16 Blüten sitzen am Stengel- und Astende quirlig gehäuft. Blüten 1 – 1,5 cm lang. Oberlippe helmförmig. Unterlippe jederseits mit einem hohlen Zahn. Mittelteil der Unterlippe quadratisch. Stengel meist mit deutlich verdickten Knoten.
SV: Äcker, Wälder. Sehr häufig.

Breitblättriger Hohlzahn *Galeopsis ladanum* Lippenblütengewächse *Lamiaceae (Labiatae)*
Juni – Okt. 10 – 30 cm ⊙

B: Übereinanderstehende Blütenquirle in den Achseln der oberen Blätter. Blüten 1 – 2 cm lang. Stengel aufrecht, ästig, 4kantig, an den Knoten nicht dicker. Blätter gegenständig, gestielt, eiförmig-lanzettlich, grobzähnig.
SV: Äcker, Gebüsche, Schotter, Steinschutt. Kalkhold. Zerstreut.

Schwarzer Gottvergeß
Ballota nigra
Lippenblütengewächse
Lamiaceae (Labiatae)
Juni – Aug. 60 – 130 cm ♃

B: 4 – 10 Blüten blattachselständig in den Achseln der oberen und mittleren Blätter. Blüten 1 – 1,5 cm lang, purpurviolett, weiß geadert. Stengel verzweigt. Blätter kreuzgegenständig. Pflanze riecht widerlich.
SV: Wege, Ödland, Schuttplätze, Mauern. Zerstreut.

Gefleckte Taubnessel *Lamium maculatum* Lippenblütengewächse *Lamiaceae (Labiatae)*

März – Okt. 30 – 80 cm ♃

B: Etagenartig übereinanderstehende Blütenquirle. 2 – 3 cm lange, rote Lippenblüten; Unterlippe purpurfleckig. Stengel 4kantig. Blätter kreuzgegenständig, brennesselartig, doch ohne Brennhaare.
SV: Wälder, Gebüsche, Ufer. Auf feuchten, nährstoffreichen Böden. Formenreich. Häufig.

Purpurrote Taubnessel *Lamium purpureum* Lippenblütengewächse *Lamiaceae (Labiatae)*

März – Okt. 10 – 25 cm ⊙

B: Mehrere Blütenquirle und ihre Tragblätter am Stengelende gehäuft. 1 – 2 cm lange, rote Lippenblüten. Stengel 4kantig. Blätter gegenständig, die oberen oft violett überlaufen, alle ei – herzförmig, runzelig, gekerbt-gesägt.
SV: Äcker, Gärten. Auf nährstoffreichen Lehmböden. Sehr häufig.

Melissen-Immenblatt *Melittis melissophyllum* Lippenblütengewächse *Lamiaceae (Labiatae)*

Mai – Juni 20 – 50 cm ♃

B: Blüten zu wenigen in den Achseln der oberen Blätterpaare, oft einseitswendig, nach Honig duftend, weiß, rosa oder rot, oft zweifarbig. Stengel vierkantig, aufrecht. Blätter gekreuzt gegenständig, am Rand gekerbt.
SV: Lichte Laubwälder und Gebüsche. Wärmeliebend. Selten.

Heil-Batunge *Betonica officinalis* Lippenblütengewächse *Lamiaceae (Labiatae)*
Juni – Aug. 30 – 60 cm ♃

B: Blüten in einer lockeren, endständigen Ähre und quirlig in den Achseln der oberen Blätter, 1 – 1,5 cm lang, rosa oder hell purpurn, im Schlund oft weiß. Stengel rauhhaarig. Grundblattrosette und Stengelblätter.
SV: Trockene Wiesen, lichte Wälder. Zerstreut.

Alpen-Ziest *Stachys alpina* Lippenblütengewächse *Lamiaceae (Labiatae)*
Juni – Aug. 50 – 100 cm ♃

B: Langgestreckter Gesamtblütenstand aus blattachselständigen Quirlen. Blüten um 1,5 cm lang, hell trübrot. Stengel 4kantig. Blätter gegenständig, eiförmig, gesägt. Pflanze zottig behaart.
SV: Lichte Wälder. Auf schwach feuchten, mullreichen Kalkböden. Selten. Fehlt im Tiefland.

Wald-Ziest *Stachys sylvatica* Lippenblütengewächse *Lamiaceae (Labiatae)*
Juni – Aug. 60 – 120 cm ♃

B: Blüten in einer pyramidenförmigen, endständigen Ähre und quirlig in den Achseln der oberen Blätter, 1,2 – 1,5 cm lang, dunkel purpurrot bis braunrot. Oberlippe kürzer als die weißgezeichnete Unterlippe. Blätter herz – eiförmig, gesägt.
SV: Wälder mit lockeren, feuchten Böden. Zerstreut.

Sumpf-Ziest *Stachys palustris*
Lippenblütengewächse
Lamiaceae (Labiatae)
Juni – Aug. 10 – 60 cm ♃

B: Ährenartiger Gesamtblütenstand aus meist 6zähligen Quirlen. Blüten 1 – 2 cm lang, hell purpurn (violett). Stengel 4kantig, aufrecht. Blätter gegenständig, schmal eiförmig, feinzähnig, kurzhaarig.
SV: Nasse Wiesen, Ufer, feuchte Äkker. Auf nährstoffreichen Lehm- und Tonböden. Zerstreut.

Wilder Dost *Origanum vulgare*
Lippenblütengewächse
Lamiaceae (Labiatae)
Juli – Okt. 30 – 60 cm ♃

B: Blüten kopfig gehäuft am Ende von Stengel und Ästen sowie quirlig in den Achseln der oberen Blätter, 5 – 6 mm lang, rosarot-purpurrot. Hochblätter oft rötlich überlaufen. Blätter eiförmig, am Rande schwach gezähnt.
SV: Trockenrasen, Raine, Waldränder. Auf Kalk. Zerstreut.

Gemeine Kölme *Clinopodium vulgare* Lippenblütengewächse
Lamiaceae (Labiatae)
Juli – Okt. 30 – 60 cm ♃

B: Mehrere dichte Blütenquirle stehen am Stengelende übereinander. Kelchzähne stechend begrannt. Stengel 4kantig, aufrecht. Blätter gegenständig, eiförmig, kerbig. Pflanze zottig behaart.
SV: Trockengehölz, Wegraine. Auf nicht zu trockenen, sommerwarmen (Kalk-)Lehmböden. Zerstreut.

Feld-Thymian *Thymus pulegioides*
Lippenblütengewächse
Lamiaceae (Labiatae)
Juni – Okt. 10 – 25 cm ♃

B: Blüten in einem kugeligen Köpfchen am Ende von Stengel und Ästen und quirlig in den Achseln der oberen Blätter, kaum 5 mm lang. Pflanze wächst in Polstern. Stengel 4kantig, Kanten behaart. Blätter schmal elliptisch.
SV: Trockene Rasen, Wegränder, Steinschutt. Zerstreut.

Acker-Wachtelweizen
Melampyrum arvense Braunwurzgewächse *Scrophulariaceae*
Juni – Juli 10 – 30 cm ⊙

B: Dichte Ähre aus purpurnen Hochblättern und roten Rachenblüten mit gelbem Gaumen. Stengel aufrecht. Blätter gegenständig, lanzettlich, langspitzig, die oberen schmal fiederzipflig.
SV: Getreideäcker, Schuttstellen, Wegraine. Auf kalkreichen Lehmböden. Sehr selten (geworden).

Später Zahntrost
Odontites rubra
Braunwurzgewächse
Scrophulariaceae
Aug. – Okt. 10 – 40 cm ⊙

B: Blüten in einseitswendiger, beblätterter Ähre am Stengelende, rot, um 5 – 10 mm lang. Stengel aufsteigend oder aufrecht, im unteren Drittel verzweigt. Blätter gegenständig, in ihrer unteren Hälfte am breitesten.
SV: Weiden, Äcker, lichte Wälder. Auf Lehmboden. Zerstreut.

Roter Fingerhut *Digitalis purpurea* Braunwurzgewächse *Scrophulariaceae*

Juni – Aug. 30 – 150 cm ⊙

B: Endständige, einseitswendige Traube. Blüten schiefglockig, 3 – 5 cm lang, hängend, außen rot, innen heller, gefleckt. Stengel aufrecht. Grundblattrosette. Blätter eiförmig, gekerbt, unten filzig.
SV: Wälder, Waldränder. Auf sandigen, kalkfreien Böden. Zerstreut. Giftige Heil- und Zierpflanze.

Wald-Läusekraut *Pedicularis sylvatica* Braunwurzgewächse *Scrophulariaceae*

Mai – Juni 5 – 15 cm ⊙ – ♃

B: In einem eher kurzen Blütenstand sitzen 5 – 15 Blüten, die 2 – 2,5 cm lang werden, hellpurpurn bis rosa gefärbt und nicht um ihre Längsachse gedreht sind. Oberlippe vorn abgerundet, jederseits mit einem kurzen Zahn. Stengel niederliegend.
SV: Feuchter Sandboden. Selten.

Schuppenwurz *Lathraea squamaria* Braunwurzgewächse *Scrophulariaceae*

März – Mai 10 – 25 cm ♃

B: Dichte, einseitswendige Traube, anfangs nickend. Blüten hellrötlich, 1 – 1,5 cm lang. Stengel dicklich, bleich. Nur blasse Schuppenblätter, ohne Blattgrün.
SV: Au- und Schluchtwälder. Vollschmarotzer auf den Wurzeln von Laubgehölzen (oft Erle, Hasel oder Pappel). Selten.

Seidelbast *Daphne mezereum*
Seidelbastgewächse
Thymelaeaceae
März – Mai 50 – 150 cm ♄

B: Blüten am Ende der Zweige ährig gehäuft, rosarot bis rotviolett, stark duftend. Pflanze zur Blütezeit blattlos, höchstens Schopf junger Blätter am Zweigende. Stengelrinde auffällig runzelig, zerrieben unangenehm riechend. Frucht rote Beere.
SV: Wälder. Auf nährstoffreichen, kalkreichen Böden. Zerstreut.

Moosbeere *Vaccinium oxycoccus*
Heidekrautgewächse *Ericaceae*
Juni – Aug. 10 – 80 cm ♄

B: Blüten einzeln oder zu wenigen an den Zweigenden, um 5 mm breit, mit 4 oder 5 zurückgerollten, schmalen Zipfeln. Stengel fadendünn, weitkriechend. Blätter eiförmig, am Rand eingerollt.
SV: Hochmoore. Braucht saure, nasse, nährstoffarme Moor- oder Rohhumusböden. Selten, im Norden etwas häufiger. Torfmoossiedler.

Glocken-Heide *Erica tetralix*
Heidekrautgewächse *Ericaceae*
Juni – Sept. 15 – 50 cm ♄

B: Gedrungene, endständige Traube mit 5 – 15 Blüten, die 6 – 8 mm lang werden und fleischrot sind. An der Glockenmündung 4 kleine Zipfel. Äste aufrecht, rauhhaarig. Blätter zu 3 – 4 quirlständig, steifhaarig bewimpert.
SV: Nur in luftfeuchten Gebieten auf sauren, torfigen Böden. Frostempfindlich. Sonst selten.

Berg-Ulme *Ulmus glabra*
Ulmengewächse *Ulmaceae*
März – April 20 – 40 m ♄

B: Hoher Baum mit breit eiförmiger Krone. Blüten in dichten Büscheln; erscheinen vor den Blättern. Diese rauh, lang zugespitzt, gesägt, im oberen Teil am breitesten und mit 2 sehr ungleich breiten Seitenhälften. Frucht mit breitem rundlichen Flügelrand.
SV: Schluchtwälder. Selten. Auch angepflanzt. Nutzholz (Rüster).

Hunds-Rose *Rosa canina*
Rosengewächse *Rosaceae*
Juni 1,3 – 3 m ♄

B: Blüten zu 1 – 3 zusammenstehend, schwach duftend, hellrosa. Kelchzipfel nach dem Verblühen zurückgeschlagen. Stengel stachlig. Stacheln meist hakig. Blätter unpaarig gefiedert, 5 – 7 Teilblättchen, die eiförmig und eindeutig kahl sind.
SV: Laubwälder, besonders Waldränder, Gebüsche. Häufig. Formenreich (Bastarde).

Essig-Rose *Rosa gallica*
Rosengewächse *Rosaceae*
Juni 30 – 150 cm ♄

B: Kleiner Strauch mit stacheligen Zweigen. Blüten meist einzeln, 6 – 7 cm breit, hellrot bis dunkelpurpurn, innen meist heller. Blütenstengel stieldrüsig. Blätter unpaarig gefiedert; 5 – 7 eiförmige, gesägte Teilblättchen.
SV: Waldränder, Wegraine. Sehr wärmebedürftig. Auf humusreichen Lehm- und Tonböden. Zerstreut.

Polei-Gränke
Andromeda polifolia
Heidekrautgewächse *Ericaceae*
Mai – Okt. 15 – 30 cm ♄

B: 1 – 5 Blüten doldenartig gehäuft am Ende der Stengel und Äste. Blüten kugelig-glockig, rosarot, 5 – 8 mm lang. An der Glockenmündung 5 kleine Zipfelchen. Blätter 3 – 5 mm breit, am Rand deutlich umgerollt, oberseits dunkelgrün, unterseits blaugrün.
SV: Hochmoore. Sehr selten.

Preiselbeere
Vaccinium vitis-idaea
Heidekrautgewächse *Ericaceae*
Mai – Aug. 10 – 30 cm ♄

B: Zwergstrauch. Blüten in endständigen Trauben: blaßrote Glöckchen, meist 5zähnig. Blätter derb, immergrün, eiförmig, am Rand eingerollt. Beeren rot.
SV: Wälder, Moore, Heiden, Matten. Auf feuchten, sauren, humusreichen Böden. Nur im Gebirge und im Norden häufig. Sonst selten.

Heidelbeere
Vaccinium myrtillus
Heidekrautgewächse *Ericaceae*
Mai – Juni 15 – 40 cm ♄

B: Blüten einzeln in den Blattachseln, kugelig-glockig, grün, doch meist rot überlaufen. An der Glokkenmündung meist 5, gelegentlich nur 4 kleine Zipfel. Blätter sommergrün, länglich-eiförmig, spitz, schwach gekerbt, beiderseits grün.
SV: Wälder, Heiden. Auf nährstoff- und kalkarmem Boden. Häufig.

Behaarter Almrausch
Rhododendron hirsutum
Heidekrautgewächse *Ericaceae*
Mai – Aug. 50 – 120 cm ♄

B: Kleiner Strauch. Endständige Dolden. Blüten glockig, 5zipflig, um 1,5 cm lang, hellrot. Blätter ei-rundlich, derb, immergrün, unterseits (gelb)-braun getüpfelt, am Rand bewimpert.
SV: Nur im Alpengebiet: Kiefernwälder, Latschengebüsche, Heiden. Kalkhold. Ostalpin. Zerstreut.

Heidekraut
Calluna vulgaris
Heidekrautgewächse *Ericaceae*
Juli – Sept. 20–50 cm ♄

B: Blüten meist deutlich einseitswendig im Oberteil des Stengels, 2 – 4 mm lang und tief in 4 Zipfel gespalten, rosa bis purpurn, kürzer als der gleichfarbige, vierzipflige Kelch. Stengel aufgebogen. Blätter schuppenartig, in 4 Reihen am Stengel.
SV: Heiden, lichte Wälder. Nur auf kalkarmem Boden. Häufig.

Dornige Hauhechel *Ononis spinosa* Schmetterlingsblütengewächse *Fabaceae (Leguminosae)*
Juni – Sept. 30 – 60 cm ♄

B: Zwergstrauch mit dornigen, aufsteigenden Ästen. Blüten einzeln oder zu 2 – 3 in den Achseln der Blätter, fast sitzend. Blätter 3zählig, Teilblättchen länglich.
SV: Trockene Rasen, Raine, Weiden. Auf nährstoffarmen Lehmböden. Variabel in bezug auf Bedornung und Kalkanspruch. Zerstreut.

Echte Nachtviole *Hesperis matronalis* Kreuzblütengewächse *Brassicaceae (Cruciferae)*

Mai – Juli 40 – 100 cm ⊙ – ♃

B: Lockere, endständige Traube. Blüten blau- oder rotviolett, um 1,5 cm im Durchmesser. Stengel aufrecht, zerstreut borstig behaart. Grundblätter bis 15 cm lang, früh absterbend. Stengelblätter borstig behaart.
SV: Waldränder, Wege. Auf feuchten, guten Böden. Selten.

Ausdauerndes Silberblatt *Lunaria rediviva* Kreuzblütengewächse *Brassicaceae (Cruciferae)*

Mai – Juli 30 – 150 cm ♃

B: Doldenartige Blütenstände, zur Fruchtzeit stark verlängert. Blüten um 1,5 cm breit. Stengel aufrecht. Blätter wechselständig, lang herzförmig, grob gezähnt. Flache, elliptische, 3 – 5 cm lange, 2 – 3 cm breite Schotenfrüchte.
SV: Schlucht- und Hangwälder. Selten, gegen Norden zu fehlend.

Wiesen-Schaumkraut *Cardamine pratensis* Kreuzblütengewächse *Brassicaceae (Cruciferae)*

April – Mai 30 – 60 cm ♃

B: Sehr lockere, wenigblütige Traube. Blüten um 1 cm im Durchmesser, blaß violett. Fruchtknoten mehr als 3mal so lang wie breit. Grundblätter in Rosette. Stengelblätter fiederschnittig, Blattzipfel schmal.
SV: Feuchte Wiesen und Wälder. Oft auf Lehm. Sehr häufig.

Kreuz-Enzian
Gentiana cruciata
Enziangewächse *Gentianaceae*
Juli – Okt. 10 – 40 cm ♃

B: Blüten kurzgestielt in den oberen Blattachseln, am Stengelende kopfig gehäuft, 2 – 2,5 cm lang. Blätter gekreuzt gegenständig, lanzettlich, etwas ledrig derb, am Grunde scheidig miteinander verwachsen.
SV: Gebüsche, Waldränder. Auf kalkreichem, nährstoffarmem Boden. Düngerfliehend. Sehr selten.

Fransen-Kleinenzian
Gentianella ciliata
Enziangewächse *Gentianaceae*
Aug. – Okt. 10 – 25 cm ⊙ – ♃

B: Meist Einzelblüte, seltener 2 – 10 Blüten am Stengel. Blüten 2 – 5 cm lang, bis auf die halbe Blütenlänge in 4 Zipfel eingeschnitten. Zipfel vor allem am Grund mit langen Fransen, am Rand oft etwas eingerollt. Blüte tiefblau.
SV: Trockenrasen, lichte Wälder. Kalkliebend. Sehr selten.

Acker-Minze
Mentha arvensis
Lippenblütengewächse
Lamiaceae (Labiatae)
Juni – Okt. 15 – 50 cm ♃

B: Fast kugelige Blütenquirle in den oberen Blattachseln, zuoberst ein blütenfreier Blattschopf. Stengel 4kantig, niederliegend – aufrecht. Blätter länglich, gezähnt, behaart, kreuzgegenständig, minzeduftend.
SV: Ufer, Gräben, Naßstellen in Äkkern, Wiesen, Wäldern. Häufig.

Roß-Minze *Mentha longifolia*
Lippenblütengewächse
Lamiaceae (Labiatae)
Juli – Aug. 30 – 75 cm ♃

B: Schwach pyramidenförmige, kurze Ähre. Blüten um 3 mm lang, trüb lila. Blätter 6 – 10 cm lang, scharf gesägt, unterseits stark behaart, fast sitzend, nie runzelig, minzeduftend.
SV: Ufer, Gräben, feuchte Wiesen und Waldränder. Stickstoffliebend. Häufig.

Bachbungen-Ehrenpreis
Veronica beccabunga
Braunwurzgewächse
Scrophulariaceae
Mai – Aug. 20 – 60 cm ♃

B: Viele lockere, blattachselständige Trauben. Blüten blau, meist unter 1 cm breit. Stengel rundlich-dick, niederliegend – aufsteigend. Blätter gegenständig, oval, gekerbt, kurz gestielt und glänzend kahl.
SV: Gräben, Bäche, Röhricht. Gern an Seichtwasserstellen. Zerstreut.

Wasser-Ehrenpreis *Veronica anagallis-aquatica* Braunwurzgewächse *Scrophulariaceae*
Juni – Okt. 15 – 50 cm ♃

B: Trauben blattachselständig, dicht, zuerst pyramidenförmig, mit meist nur wenig gleichzeitig geöffneten Blüten. Diese um 6 mm im Durchmesser, hellviolett. Blätter meist kahl, sitzend, bis 10 cm lang, spitz zulaufend.
SV: Ufer, Röhricht, Gräben, auch im Wasser. Zerstreut.

Efeu-Ehrenpreis *Veronica hederifolia* Braunwurzgewächse *Scrophulariaceae*

März – Mai   5 – 30 cm   ⊙

B: Blüten einzeln in den Blattachseln, 2 – 5 mm breit, blau bis blauviolett, selten hell lila. Stengel niederliegend – aufsteigend, verzweigt. Blätter gestielt, 3 – 7lappig, behaart, gegenständig, die oberen auch wechselständig.
SV: Äcker, Gärten, seltener in Waldschlägen. Sehr häufig.

Faden-Ehrenpreis *Veronica filiforme* Braunwurzgewächse *Scrophulariaceae*

April – Mai   5 – 20 cm   ♃

B: Blüten einzeln in den Blattachseln, um 1 cm im Durchmesser, blaß himmelblau bis blaulila, dunkler geadert, unterer Blütenzipfel meist heller. Stengel auffallend dünn, niederliegend, wurzelnd. Blätter rundlich.
SV: Parkrasen, Wiesen in Flußauen. Bestandsbildend. Zerstreut. Neubürger, in Ausbreitung begriffen.

Persischer Ehrenpreis *Veronica persica* Braunwurzgewächse *Scrophulariaceae*

März – Dez.   10 – 40 cm   ⊙ – ⊙

B: Blüten einzeln in den Blattachseln, 8 – 12 mm breit, himmelblau, ein Zipfel oft heller. Stengel niederliegend – aufsteigend, verzweigt. Blätter gegenständig, herz-eiförmig, mit grob gesägtem Rand, spärlich behaart.
SV: Äcker, Gärten. Auf nährstoffreichen Lehmböden. Sehr häufig.

Wald-Ehrenpreis
Veronica officinalis
Braunwurzgewächse
Scrophulariaceae
Juni–Aug. 15–30 cm ♃

B: Blüten in blattachselständigen Trauben zu 15–25 Blüten. Blüten um 6 mm im Durchmesser, blaß blauviolett. Stengel kriechend oder aufsteigend. Blätter gegenständig, behaart, derb gesägt, kurz gestielt.
SV: Wälder, Heiden. Auf sauren Böden. Häufig.

Gamander-Ehrenpreis *Veronica chamaedrys* Braunwurzgewächse *Scrophulariaceae*
April–Juni 15–30 cm ♃

B: Meist 2 reichblütige Trauben in den Achseln des zweit- oder drittobersten Laubblattpaares. Blüten bis 12 mm breit. Stengel deutlich 2reihig behaart. Blätter gegenständig, eiförmig, gekerbt, kurzgestielt–sitzend.
SV: Wiesen, Raine, Wälder. Sehr formenreich. Überall häufig.

Großer Ehrenpreis *Veronica teucrium* Braunwurzgewächse *Scrophulariaceae*
Mai–Aug. 15–50 cm ♃

B: Mehrere reichblütige Trauben in den Achseln der oberen Blätter, jung pyramidenförmig, ältere langwalzlich-lockerblütig. Blüten 1–1,5 cm im Durchmesser, dunkelblau. Stengel aufsteigend oder aufrecht. Blätter eiförmig.
SV: Trockene Gebüsche, trockene Wälder, Trockenrasen. Zerstreut.

Weide-Wegerich *Plantago media*
Wegerichgewächse
Plantaginaceae
Mai – Juni 15 – 30 cm ♃

B: Endständige, dichte Ähre. Blüten unscheinbar, Staubfäden sehr lang, lila. Stengel blattlos, 2 – 5mal so lang wie die Ähre. Grundblattrosette flach ausgebreitet. Blätter kaum gestielt, breitlanzettlich, parallelnervig.
SV: Trockenrasen, Wiesen, Wege. Wärmeliebend, nässefliehend. Sehr häufig, im Norden zerstreut.

Wilde Karde *Dipsacus fullonum*
Kardengewächse *Dipsacaceae*
Juli – Aug. 90 – 200 cm ⊙

B: Blüten in einem eiförmigen Köpfchen, das durch die an der Spitze borstlichen Spreublätter igelartig wirkt. Blüten violett, von der Mitte des Blütenstands nach oben und unten ringartig aufblühend. Stengel stachelig. Blätter ganzrandig oder gekerbt.
SV: Wege, Ödland, Schuttplätze. Häufig.

Gemeiner Teufelsabbiß
Succisa pratensis
Kardengewächse *Dipsacaceae*
Juli – Sept. 30 – 100 cm ♃

B: Endständige, fast kugelige Köpfchen, 1,5 – 2,5 cm breit. Alle Blüten gleich groß, dunkelviolett; von schwarzen Borsten umgeben. Stengel aufrecht. Blätter gegenständig, ei-lanzettlich.
SV: Flachmoore, feuchte Wiesen und Wälder. Auf nährstoffarmen, schwach sauren Böden. Zerstreut.

Pracht-Nelke *Dianthus superbus* Nelkengewächse *Caryophyllaceae*

Juni – Sept. 30 – 100 cm ♃

B: Blüten einzeln, lang gestielt. Farbe lila bis rosa. Blütenblätter bis über die Mitte zerschlitzt, oft dunkel getupft. Durchmesser der Blüte meist über 2,5 cm. Blüten meist stark duftend. Kelch am Grund mit kurzen Schuppen.
SV: Wälder, Gebüsche, Bergwiesen, Naßwiesen. Zerstreut.

Wald-Akelei *Aquilegia vulgaris* Hahnenfußgewächse *Ranunculaceae*

Juni – Juli 30 – 60 cm ♃

B: Sehr lockere Traube oder Rispe. Blüten langgestielt, 3 – 3,5 cm breit, nickend; 5 gespornte Blütenblätter. Stengel aufrecht. Blätter doppelt dreiteilig, die oberen einfacher gestaltet.
SV: Wälder, Bergwiesen. Auf nicht zu trockenen, nährstoffreichen, gern kalkhaltigen Lehmböden. Selten, öfters nur verwildert.

Wiesen-Storchschnabel *Geranium pratense* Storchschnabelgewächse *Geraniaceae*

Juni – Sept. 30 – 60 cm ♃

B: Mehrere Teilblütenstände mit je 2 Blüten bilden einen Gesamtblütenstand. Blüten 2,5 – 4 cm im Durchmesser, blau, oft mit violetter Tönung. Verblühte Blütenstiele nach unten gebogen. Blätter handförmig siebenspaltig.
SV: Wiesen, Raine, Wegränder. Örtlich sehr häufig.

Wald-Storchschnabel *Geranium sylvaticum* Storchschnabelgewächse *Geraniaceae*

Juni – Sept. 30 – 60 cm ♃

B: Je 2 Blüten auf einem gemeinsamen Stiel, oft zu mehreren am Stengelende straußartig gehäuft. Blüten 2 – 3 cm breit. Blätter handförmig, meist 7teilig. Zipfel am Grund verwachsen, grob gesägt.
SV: Wälder, Bergwiesen. Auf feuchtem, nährstoffreichem Boden. Ab 600 m zerstreut, selten tiefer.

Blauer Gauchheil
Anagallis foemina
Primelgewächse *Primulaceae*

Juni – Sept. 10 – 20 cm ⊙

B: Blüten einzeln in den Achseln der oberen Blätter, um 5 mm im Durchmesser, innen blauviolett, außen blau. Blütenblätter überdecken sich gegenseitig nicht; ihr vorderer Rand ist gezähnt. Stengel niederliegend. Blätter gegenständig, eiförmig.
B: Äcker mit Lehmboden. Wärmeliebend. Selten.

Strandnelke *Limonium vulgare*
Strandnelkengewächse
Plumbaginaceae

Juli – Sept. 20 – 50 cm ♃

B: Starre, doldenartige Rispe auf blattlosem Stengel. Blüten etwa 7 mm lang, halbglockig, in einseitswendigen Reihen. Grundblätter immergrün, derb-steiflich, lang spatelig, ganzrandig.
SV: Meeresküste. Auf kochsalzhaltigen, zeitweise überspülten Sand- und Felsböden. Selten.

Immergrün *Vinca minor*
Hundsgiftgewächse *Apocynaceae*
April – Mai 10 – 20 cm ♃

B: Blüten einzeln in den Achseln der oberen Blätter, 2 – 3 cm im Durchmesser, hellblau. Spitze der flach ausgebreiteten Blütenzipfel schief gestutzt. Stengel kriechend, am Grund verholzt. Blühende Stengel aufsteigend. Blätter lederig, immergrün.
SV: Wälder in luftfeuchtem Klima. Auf Kalkböden. Zerstreut.

Lungen-Enzian
Gentiana pneumonanthe
Enziangewächse *Gentianaceae*
Juli – Sept. 15 – 40 cm ♃

B: Blüten meist einzeln, selten zu 2 – 3 am Stengelende, bis zu 5 cm lang, innen mit 5 grün punktierten Streifen. Stengel aufrecht. Blätter gegenständig, lineal-lanzettlich, stumpflich, meist einnervig.
SV: Flachmoore. Auf kalkfreien, nicht zu sauren, moderreichen Ton- oder Torfböden. Sehr selten.

Deutscher Kleinenzian
Gentianella germanica
Enziangewächse *Gentianaceae*
Aug. – Okt. 5 – 10 cm ⊙

B: Die Blüten stehen am Ende des Stengels, der Äste und in den Blattachseln. Sie werden bis 2 cm lang, haben 5 Zipfel und sind rotviolett, am Ende der Blütenröhre aufrechter Haarkranz (bärtig). Blätter lanzettlich.
SV: Kurzrasige Schafweiden auf Kalk. Selten.

Frühlings-Enzian *Gentiana verna*
Enziangewächse *Gentianaceae*
April – Aug. 3 – 15 cm ♃

B: Meist nur 1 endständige Blüte, 2,5 – 3 cm lang, schmalröhrig mit ausgebreiteten Zipfeln. Am Stengel 1 – 3 Blattpaare. Grundblätter rosettig, eiförmig-lanzettlich, ganzrandig, stumpf.
SV: Trockenraine, Bergwiesen, Flachmoore. Kalkhold, aber düngerscheu. Selten (geworden); im Alpenraum (500 – 2500 m) zerstreut.

Büschelschön *Phacelia tanacetifolia* Wasserblattgewächse *Hydrophyllaceae*
Juni – Okt. 15 – 50 cm ⊙

B: Zahlreiche Blüten stehen in einem dichtstraußigen Gesamtblütenstand. Sie sind blauviolett, glokkig-trichterig und erreichen einen Durchmesser um 5 mm. Staubfäden ragen weit aus den Blüten. Blätter gefiedert.
SV: Straßen- und Bahndämme. Oft angepflanzt. Zerstreut.

Gemeiner Beinwell *Symphytum officinale* ssp. *tanaicense*
Borretschgewächse *Boraginaceae*
Mai – Sept. 30 – 100 cm ♃

B: Doldenartiger Blütenstand. Blüten nickend, schmalglockig, trübviolett. Stengel meist aufrecht. Blätter länglich eiförmig, etwas am Stengel herablaufend. Pflanze spärlich rauhhaarig.
SV: Feuchtwiesen, Ufer, Gräben. Feuchtezeiger. Diese fast kahle Rasse ist bei uns selten (s. S. 42, 87).

Berg-Lungenkraut *Pulmonaria mollis* Borretschgewächse *Boraginaceae*

April – Mai   10 – 30 cm   ♃

B: Blüten stehen in einem schlüsselblumenartigen Blütenstand; sie blühen rot auf und verblühen lila. Grundständige Blätter in den Stiel verschmälert, oberseits weichhaarig, grauschimmernd, eiförmig-spitz.
SV: Laubwälder auf kalkhaltigen humusreichen Böden. Selten. (Vergl. auch S. 88.)

Dunkles Lungenkraut *Pulmonaria obscura* Borretschgewächse *Boraginaceae*

März – April   15 – 40 cm   ♃

B: Doldenartiger Blütenstand; die Stiele der Teilblütenstände sind so lang wie ihre Tragblätter. Blüten schlüsselblumenartig, erst rot, später blau. Blätter ganzrandig, länglich-eiförmig, spitz. Ganze Pflanze rauhhaarig.
SV: Wälder. Kalkhold. Lehmzeiger. Auf feuchten Böden. Zerstreut.

Acker-Vergißmeinnicht *Myosotis arvensis* Borretschgewächse *Boraginaceae*

Mai – Aug.   20 – 40 cm   ⊙ – ⊙

B: Blüten stehen dicht in kurzstieligen Teilblütenständen. Sie erreichen nur Durchmesser von 2 – 4 mm. Fruchtstiel 2 – 3mal so lang wie der Kelch. Grundblätter verkehrt-eiförmig, gestielt. Stengelblätter sitzend, länglich.
SV: Äcker, Wege, Ödland, Schuttplätze. Häufig.

Sumpf-Vergißmeinnicht *Myosotis palustris* Borretschgewächse *Boraginaceae*

Mai – Okt.   15 – 40 cm   ♃

B: Lockere Traube. Blüten 4 – 10 mm breit, meist blaßblau. Kelch angedrückt behaart. Stengel kriechend bis aufrecht. Blätter wechselständig, länglich-lanzettlich, ganzrandig, behaart.
SV: Nasse Wiesen und Wälder, Ufer. Sehr formenreich, auch Standortsrassen. Häufig.

Wald-Vergißmeinnicht *Myosotis sylvatica* Borretschgewächse *Boraginaceae*

Mai – Juli   15 – 50 cm   ♃

B: 10 – 25 Blüten stehen in einer lokkeren, doldenartig abgeflachten Traube. Sie erreichen 5 – 8 mm im Durchmesser. Kelch mit abstehenden Haaren. Rosettenblätter in den Stiel verschmälert, doppelt so lang wie breit.
SV: Wälder, Gebüsche, Bergwiesen. Zerstreut.

Rotblauer Steinsame *Buglossoides purpurocaerulea* Borretschgewächse *Boraginaceae*

April – Juni   15 – 50 cm   ♃

B: Blattachselständige Trauben im oberen Stengelbereich. Blütenknospen rotbraun, geöffnete Blüten blau, 1 – 1,5 cm breit. Stengel meist aufrecht. Blätter wechselständig, lanzettlich, rauhhaarig.
SV: Trockene Laubwälder und Gebüsche. Sehr wärmebedürftig. Auf humusreichen Böden. Selten.

Bittersüßer Nachtschatten
Solanum dulcamara Nachtschattengewächse *Solanaceae*
Juni – Aug. 30 – 300 cm ♃ – ♄

B: Blüten in hängenden, doldigtraubigen Blütenständen in den Achseln der oberen Blätter und am Stengelende, violett, um 1 cm im Durchmesser, mit 5 zurückgeschlagenen Zipfeln und mit gelben Staubblättern. Stengel unten verholzt. Blätter oft gelappt.
SV: Wälder, Ufer. Zerstreut.

Ackersalat *Valerianella locusta* Baldriangewächse *Valerianaceae*
April – Mai 5 – 20 cm ⊙

B: Doldenartige Blütenstände an Enden gegabelter Äste. Unscheinbare, blaßblaue Blüten. Stengel aufrecht, gabelig verzweigt. Untere Blätter spatelig, obere lanzettlich, alle kahl, ganzrandig, gegenständig.
SV: Äcker, Wege, Wiesen. Auf nährstoffreichen, leicht feuchten Böden. Zerstreut. Auch angebaut.

Rundblättrige Glockenblume
Campanula rotundifolia Glockenblumengewächse *Campanulaceae*
Juni – Sept. 15 – 50 cm ♃

B: Lockere Rispe mit 4 – 8 Blüten. Blüten 1,5 – 2 cm lang, nur bis auf 1/3 der Blütenlänge in 5 Zipfel zerteilt. Knospen aufrecht. Grundblätter zur Blütezeit abgestorben. Stengelblätter schmallanzettlich, wenigstens manche gestielt.
SV: Wiesen, lichte Wälder, Schotter. Sehr häufig.

Wiesen-Glockenblume
Campanula patula Glockenblumengewächse *Campanulaceae*
Mai – Sept. 15 – 70 cm ⊙ – ⊙

B: Lockere Rispen. Blüten glockenförmig, 1,5 – 2,5 cm lang, mit weit abspreizenden Zipfeln. Stengel aufrecht. Blätter wechselständig, länglich-lanzettlich.
SV: Wiesen, lichte Wälder. Auf mäßig feuchten, nährstoffreichen, eher kalkarmen Böden. Wärmebedürftig. Häufig, im Norden selten.

Brennesselblättrige Glockenblume *Campanula trachelium* Glockenblumengewächse *Campanulaceae*
Mai – Sept. 50 – 100 cm ♃

B: Blüten in einer meist allseitswendigen Traube, 3,5 – 4,5 cm lang mit langwimprigen Zipfeln. Stengel aufrecht, scharfkantig. Obere Blätter sitzend, untere gestielt mit herzförmigem Grund. Im Blütenstand Hochblätter.
SV: Wälder und Gebüsche. Meist im Halbschatten. Häufig.

Acker-Glockenblume *Campanula rapunculoides* Glockenblumengewächse *Campanulaceae*
Juni – Aug. 30 – 60 cm ♃

B: Meist reichblütige, einseitswendige Traube. Blüten 2 – 3 cm lang. Stengel aufrecht, unverzweigt. Blätter wechselständig, eilänglich, die untersten herzförmig, alle gesägtgekerbt.
SV: Äcker, Gebüsch, Waldränder. Kalkhold, wärmebedürftig. Auf etwas feuchten Böden. Zerstreut.

Pfirsichblättrige Glockenblume
Campanula persicifolia
Glockenblumengewächse
Campanulaceae
Juni – Juli 70 – 120 cm ♃

B: Blütenstand armblütig und fast einseitswendig. Blüten 2,5 – 4 cm im Durchmesser, etwa ebenso lang. Blüte und Kelch unbehaart. Stengelblätter lineal, kaum 1 cm breit, untere klein und scharf gesägt.
SV: Wälder, Gebüsche. Meist auf Lehmboden. Zerstreut.

Büschel-Glockenblume *Campanula glomerata* Glockenblumengewächse *Campanulaceae*
Mai – Sept. 15 – 70 cm ♃

B: Blüten aufrecht in den oberen Blattachseln und kopfig gehäuft am Stengelende, 1,5 – 2,5 cm lang, glockig-trichterig. Stengel aufrecht. Blätter wechselständig, obere lanzettlich, untere herzförmig, gestielt, alle gekerbt.
SV: Trockenraine, Gebüsch. Kalkhold. Zerstreut, fehlt im Norden.

Venus-Frauenspiegel
Legousia speculum-veneris
Glockenblumengewächse
Campanulaceae
Juni – Aug. 10 – 20 cm ⊙

B: Wenigblütige, lockere Rispe. Blüten 1,5 – 2 cm im Durchmesser, innen dunkelviolett, außen etwas heller. Stengel niederliegend oder aufsteigend, kahl. Obere Blätter sitzend, untere gestielt, lanzettlich.
SV: Äcker auf nährstoffreichen Kalkböden. Sehr selten.

Schwarze Teufelskralle *Phyteuma nigrum* Glockenblumengewächse *Campanulaceae*

Mai – Juli 20 – 70 cm ♃

B: Dichte, walzliche Ähre. Blüten zuerst krallenartig nach oben gekrümmt, tief blauviolett. Stengel aufrecht, spärlich wechselständig beblättert. Blätter eilanzettlich, untere gestielt und ei-herzförmig, alle gekerbt.
SV: Wälder, Bergwiesen. Kalkscheu. Zerstreut, mehr im Bergland.

Kugel-Teufelskralle *Phyteuma orbiculare* Glockenblumengewächse *Campanulaceae*

Mai – Sept. 10 – 40 cm ♃

B: 10 – 30 Blüten stehen in einem kugeligen Köpfchen beisammen, das 1,5 – 2,5 cm im Durchmesser erreicht. Die blauvioletten Blüten sind vor dem Aufblühen deutlich nach innen gekrümmt. Grundblätter gestielt.
SV: Ungedüngte Wiesen, Flachmoore. Selten.

Berg-Sandglöckchen *Jasione montana* Glockenblumengewächse *Campanulaceae*

Juni – Aug. 10 – 80 cm ⊙

B: Kugelige Köpfchen, bis 2,5 cm breit. Einzelblüten etwa 1 cm lang, hellviolett. Stengel aufrecht, verzweigt. Blätter wechselständig, lanzettlich-eiförmig, am Rand oft wellig und stumpf gezähnt.
SV: Sandrasen, Dünen, Ödland. Auf trockenen, warmen, nährstoff- und kalkarmen Sandböden. Selten.

Kleine Traubenhyazinthe
Muscari botryoides
Liliengewächse *Liliaceae*
April – Mai 10 – 20 cm ♃

B: Zahlreiche Blüten stehen in einer dichten, kurzen Traube, die 2 – 5 cm lang werden kann. Blüten kugelig, himmelblau, vorn mit weißem, sechszipfligem Saum. Nur 2 – 3 fast flache Grundblätter, 4 – 8 mm breit, grasartig, dicklich.
SV: Bergwiesen, lichte Wälder. Oft in Beständen. Selten.

Zweiblättriger Blaustern *Scilla bifolia* Liliengewächse *Liliaceae*
März – April 10 – 20 cm ♃

B: Lockere, wenigblütige Traube. Stengel aufrecht, blattlos. Meist 2 Grundblätter, breit linealisch, parallelnervig, ganzrandig; Spitze kapuzenförmig, am Grund scheidig stengelumfassend.
SV: Lichte Wälder, Ufergebüsch. Auf kalkreichen, feuchten und humusreichen Lehmböden. Selten, fehlt im Norden und im Gebirge.

Sibirische Schwertlilie *Iris sibirica* Schwertliliengewächse *Iridaceae*
Mai – Juli 30 – 90 cm ♃

B: Meist 2 Blüten auf einem Stengel, davon meist nur 1 geöffnet. Blüten groß, blau oder blauviolett. Die 3 äußeren Blütenblätter breit, die 3 inneren schmal. Blätter um 6 mm breit, deutlich kürzer als der Stengel, zweizeilig gestellt.
SV: Lichte, feuchte Wälder, nasse Wiesen. Sehr selten.

Gemeine Küchenschelle
Pulsatilla vulgaris
Hahnenfußgewächse
Ranunculaceae
März – Mai 5 – 40 cm ♃

B: Einzelne Blüten, 2 – 4 cm lang, außen pelzig behaart, auf kurzen Stielen, die nur eine zerschlitzte, trichterige Hochblatthülle tragen. Grundblätter während der Blüte erscheinend, vielzipflig gefiedert.
SV: Trockenraine, lichte Gebüsche. Braucht Kalk und Wärme. Selten.

Leberblümchen *Hepatica nobilis*
Hahnenfußgewächse
Ranunculaceae
März – Mai 8 – 25 cm ♃

B: Mehrere Stengel mit je einer Blüte entspringen aus einer Blattrosette. Blüten 2 – 3 cm im Durchmesser, blau oder hell blauviolett, mit 6 – 10 leicht abfallenden Blütenblättern. Blätter wintergrün, dreilappig, ganzrandig, derb.
SV: Lichte Wälder auf mullreichem Lehmboden. Zerstreut.

Berg-Aster *Aster amellus*
Korbblütengewächse
Asteraceae (Compositae)
Aug. – Okt. 15 – 50 cm ♃

B: Doldenartiger Gesamtblütenstand aus 5 – 15, 2 – 3 cm breiten Körbchen. Außen blauviolette Zungen-, innen gelbe Röhrenblüten. Stengel aufrecht. Blätter lanzettlich, wechselständig.
SV: Lichte Wälder, Gebüsche, Raine. Kalkhold. Meist in den unteren Mittelgebirgslagen. Selten.

Kornblume *Centaurea cyanus*
Korbblütengewächse *Asteraceae (Compositae)*

Juli – Okt. 30 – 90 cm ⊙

B: Blütenkörbchen einzeln am Ende von Stengel und Ästen, 3 – 5 cm im Durchmesser. Nur Röhrenblüten. Blüten tief blau, am Grund zuweilen rötlich. Stengel aufrecht. Blätter nicht herablaufend, höchstens 5 mm breit.
SV: Äcker, Ödland, Schuttplätze. Durch Unkrautbekämpfung selten.

Berg-Flockenblume *Centaurea montana* Korbblütengewächse *Asteraceae (Compositae)*

Mai – Okt. 30 – 60 cm ♃

B: Langgestielte Körbchen, 4 – 6,5 cm breit. Nur Röhrenblüten, äußere stark vergrößert, tiefblau; Hüllblätter schwarzrandig. Blätter lanzettlich, am Stengel herablaufend, flockig behaart.
SV: Lichte Wälder, Bergwiesen. Auf Kalklehmböden vom Bergland bis in die Alpen. Zerstreut.

Acker-Kratzdistel *Cirsium arvense* Korbblütengewächse *Asteraceae (Compositae)*

Juli – Sept. 60 – 150 cm ♃

B: Blütenkörbchen einzeln am Ende von Stengel und Ästen, 1 – 1,5 cm breit. Nur Röhrenblüten. Blüten intensiv lila. Stengel stark verästelt, mit nichtblühenden Ästen. Blätter stachelig, nicht am Stengel herablaufend.
SV: Äcker, Gärten, Schuttplätze, Ödland. Sehr häufig.

Wegwarte *Cichorium intybus*
Korbblütengewächse
Cichoriaceae (Compositae)
Juli – Aug. 30 – 130 cm ♃

B: Traubig-rispiger Gesamtblütenstand aus vielen Körbchen. Diese 4 – 7 cm breit. Nur leuchtend blaue Zungenblüten. Stengel sparrig und knickig verzweigt. Untere Blätter schrotsägeförmig, obere ganzrandig, stengelumfassend.
SV: Wegränder, Raine, Ödland. Salzfest. Stickstoffhold. Häufig.

Blauer Lattich *Lactuca perennis*
Korbblütengewächse *Cichoriaceae (Compositae)*
Mai – Juni 30 – 60 cm ♃

B: Körbchen ausladend-rispig am Stengelende, 3 – 5 cm im Durchmesser. Nur Zungenblüten. Blüten blau oder violett. Blätter blaugrün, tief fiederschnittig, mit lanzettlichen Abschnitten.
SV: Trockenrasen und Gebüsche. Braucht kalkhaltigen Lehmboden und Sommerwärme. Sehr selten.

Alpen-Milchlattich *Cicerbita alpina* Korbblütengewächse *Cichoriaceae (Compositae)*
Juli – Sept. 50 – 200 cm ♃

B: Rispig-traubiger Gesamtblütenstand aus zahlreichen Körbchen. Nur Zungenblüten. Blätter schrotsägeförmig mit spießförmigem Endzipfel. Ganze Pflanze drüsig-borstig und milchsaftreich.
SV: Bergwiesen, Matten, Gebüsch. Auf feuchten, nährstoffreichen Böden ab etwa 800 m. Zerstreut.

Rittersporn *Consolida regalis*
Hahnenfußgewächse
Ranunculaceae
Mai – Sept. 10 – 50 cm ⊙

B: Nur 3 – 7 Blüten in sparriger Traube. Blüten 1,5 – 2,5 cm breit, Sporn bis 2,5 cm lang, dunkelblau oder dunkelviolett. Stengel aufrecht oder aufsteigend. Blätter tief doppelt dreiteilig.
SV: Getreideäcker, seltener Hackfruchtäcker, Schuttplätze, Ödland. Durch chemische Unkrautbekämpfung selten geworden.

Blauer Eisenhut
Aconitum napellus
Hahnenfußgewächse
Ranunculaceae
Juni – Juli 60 – 150 cm ♃

B: Reichblütige Traube. Das oberste Blütenblatt bildet einen Helm, der eher breiter als hoch ist. Stengel aufrecht. Blätter wechselständig, gestielt, handförmig 5 – 7teilig, die Abschnitte wiederum schmalzipflig.
SV: Bergwiesen, Matten. Mittelgebirge selten, Alpen zerstreut.

Lupine *Lupinus polyphyllus*
Schmetterlingsblütengewächse
Fabaceae (Leguminosae)
Juni – Sept. 50 – 150 cm ♃

B: Zahlreiche Blüten in einer zunächst pyramidenförmigen, später langwalzlichen Traube, die bis zu 60 cm lang werden kann. Blüten 1 – 1,5 cm lang, meist blau, seltener violett oder weiß. Blätter handförmig 9 – 17teilig.
SV: Wälder. Meist auf armen Böden angepflanzt. Zerstreut.

Luzerne *Medicago sativa*
Schmetterlingsblütengewächse
Fabaceae (Leguminosae)
Juni–Sept. 20–80 cm ♃

B: Zahlreiche, 2–3 cm lange Blütenköpfchen, meist blauviolett. Stengel aufrecht, reich verzweigt. Blätter wechselständig, 3teilig, Teilblättchen lanzettlich, mittleres länger gestielt.
SV: Wege, Rasen, Waldränder. Bodenverbesserer. Oft als Grünfutter angebaut. Häufig.

Frühlings-Platterbse
Lathyrus vernus
Schmetterlingsblütengewächse
Fabaceae (Leguminosae)
April–Juni 20–60 cm ♃

B: 2–7 Blüten stehen in einer lockeren Traube blattachselständig. Blüten 1,5–2 cm lang, erst rot, dann schmutzig blau. Stengel kantig, ungeflügelt. Blätter mit 4–6 breit eilanzettlichen Teilblättchen.
SV: Laubwälder auf Kalkboden. Zerstreut, örtlich häufig.

Berg-Platterbse *Lathyrus linifolius* Schmetterlingsblütengewächse *Fabaceae (Leguminosae)*
April–Juni 15–40 cm ♃

B: Gestielte, lockere, 3–6blütige Trauben in den Blattachseln. Blüten erst rot, dann trübblau. Stengel schmal geflügelt. Blätter blaugrün, paarig gefiedert; 4–6 schmallanzettliche Teilblättchen.
SV: Wälder, Heiden, Bergwiesen. Auf sauren, nährstoffarmen Böden. Häufig; örtlich (Kalk!) selten.

Zaun-Wicke *Vicia sepium*
Schmetterlingsblütengewächse
Fabaceae (Leguminosae)
Mai – Aug. 30 – 60 cm ♃

B: Blüten in sehr kurzstieligen Trauben in den Achseln der oberen Blätter, 1 – 1,5 cm lang, meist trüb oder blaß violett, seltener rötlich. Stengel klimmt mit Hilfe der Blattranken. Blätter mit 8 – 16 Teilblättchen und meist gefiederter Ranke.
SV: Wiesen, Wälder. Auf nährstoffreichen Böden. Häufig.

Vogel-Wicke *Vicia cracca*
Schmetterlingsblütengewächse
Fabaceae (Leguminosae)
Juni – Aug. 30 – 150 cm ♃

B: Einseitswendige, 20 – 40blütige Trauben. Ihr Stiel ist etwas kürzer als das zugehörige Tragblatt. Blätter gefiedert, 12 – 20 längliche Teilblättchen, am Ende eine meist 3teilig verzweigte Ranke.
SV: Rasen, Gebüsch, lichte Wälder. Auf nicht zu trockenen, oft etwas sauren Lehmböden. Zerstreut.

Sumpf-Kreuzblümchen
Polygala amarella
Kreuzblümchengewächse *Polygalaceae*
Mai – Juni 5 – 15 cm ♃

B: 10 – 40 Blüten stehen in einer meist lockeren Traube. Sie sind in der Regel blau, seltener rötlich, 2 – 4 mm lang. Stengel niederliegend, aufsteigend oder aufrecht. Stengelblätter wechselständig, beim Kauen bitter.
SV: Wälder, Rasen, Matten. Auf Kalkboden. Zerstreut.

Gemeines Kreuzblümchen
Polygala vulgaris Kreuzblümchengewächse *Polygalaceae*
Mai – Aug. 15 – 25 cm ♃

B: Erst dichte, später verlängerte, 5 – 30blütige Traube. Blüten um 8 mm lang, ihre Tragblätter kürzer als die aufbrechenden Knospen. Stengel aufrecht bis aufsteigend. Blätter wechselständig, spatelig-lanzettlich. (S. S. 107, oben.)
SV: Wiesen, Heiden. Kalkscheu. Magerkeitszeiger. Zerstreut.

Quendel-Kreuzblümchen *Polygala serpyllifolia* Kreuzblümchengewächse *Polygalaceae*
Mai – Juli 5 – 20 cm ♃

B: 3 – 10 Blüten stehen in einer mäßig dichten Traube. Sie sind meist blau, gelegentlich fast weiß, um 5 mm lang. Stengel niederliegend, aufsteigend oder aufrecht. Untere Stengelblätter gegenständig, gekaut nicht bitter.
SV: Matten und arme Bergwiesen. Kalkscheu. Sehr selten.

Wald-Veilchen *Viola sylvestris*
Veilchengewächse *Violaceae*
April – Mai 3 – 20 cm ♃

B: Blüten blattachselständig, gestielt. Ihr Sporn je nach Rasse schlank und violett *(reichenbachiana)* oder dick, weißlich *(riviniana)*. Stengel liegend – aufsteigend. Blätter herzförmig, am Rand gekerbt, gestielt.
SV: Wälder. Häufig; *reichenbachiana* blüht etwas eher und zeigt die besseren Böden an.

März-Veilchen *Viola odorata*
Veilchengewächse *Violaceae*
März – April 3 – 10 cm ♃

B: Blüten einzeln auf unbeblätterten Stielen, dunkelviolett, duftend. Gesporntes Blütenblatt um 1,5 cm lang. Sporn gleichfarben wie das Blütenblatt, an dem er hängt. Alle Blätter grundständig, breit eiförmig bis nierenförmig, gekerbt.
SV: Trockene Gebüsche, Raine, Parkrasen. Zerstreut. Häufig in Gärten (Zuchtsorten).

Behaartes Veilchen *Viola hirta*
Veilchengewächse *Violaceae*
April – Mai 5 – 15 cm ♃

B: Blüten gestielt, aus den Achseln der grundständigen Blätter. Diese herzförmig-dreieckig, am Rand gekerbt, gestielt und zumindest schwach behaart. Die Blüten duften nicht.
SV: Wiesen, Raine, Gebüsch, Wälder. Auf eher trockenen, meist kalkhaltigen Böden. Häufig, nur im Nordwesten fehlend.

Natternkopf *Echium vulgare*
Borretschgewächse *Boraginaceae*
Juni – Sept. 30 – 120 cm ♃

B: Zahlreiche Blüten sitzen in einem traubenartigen Blütenstand. In der Knospe sind die Blütenblätter rot, aufgeblüht blau. Staubblätter ungleich lang, aus der Blüte herausragend. Stengel aufrecht. Blätter lanzettlich. Ganze Pflanze borstig behaart.
SV: Wegränder, Bahndämme, Schuttplätze, Ödland. Häufig.

Gundermann *Glechoma hederacea* Lippenblütengewächse *Lamiaceae (Labiatae)*

Mai – Juni 15 – 60 cm ♃

B: Blüten zu 2 – 3 in den Blattachseln im oberen Stengelteil, 1 – 2 cm lang, mit flacher Oberlippe. Stengel kriechend-aufrecht, 4kantig. Blätter gegenständig, gestielt, nieren- oder herzförmig, am Rand gekerbt.
SV: Wälder, Gebüsch, Wiesen. Nährstoff- und Feuchtezeiger. Häufig.

Kriechender Günsel *Ajuga reptans* Lippenblütengewächse *Lamiaceae (Labiatae)*

Mai – Juni 15 – 30 cm ♃

B: Blüten quirlig in den Achseln der oberen Blätter und ährig am Stengelende, ohne Oberlippe, mit dreilappiger Unterlippe, meist blau, selten rosa oder weiß. Tragblätter ungeteilt. Grundblattrosette. Ausläufer vorhanden.
SV: Wälder, Wiesen. Auf feuchten, lehmigen Böden. Sehr häufig.

Heide-Günsel *Ajuga genevensis* Lippenblütengewächse *Lamiaceae (Labiatae)*

April – Juni 5 – 30 cm ♃

B: 6 – 12blütige Quirle in den Blattachseln der oberen Stengelhälfte. Tragblätter 3lappig. Blätter gekreuzt gegenständig, eiförmig-spatelig, grob gezähnt, grundständige gestielt, Pflanze zottig behaart, ohne Ausläufer.
SV: Raine, Gebüsche. Kalkhold. Auf trockenen Böden. Zerstreut.

Kappen-Helmkraut *Scutellaria galericulata* Lippenblütengewächse *Lamiaceae (Labiatae)*

Juni – Aug. 10 – 40 cm ♃

B: 1 – 4 Blütenpaare stehen einseitswendig in den Achseln der mittleren und oberen Blätter. Blüten blauviolett, mit weißlichem Schlund, 1 – 1,8 cm lang. Kelch oberseits mit einer Schuppe. Blätter gekreuzt gegenständig.
SV: Nasse Stellen in Wäldern, Röhricht, Gräben. Selten.

Kleine Braunelle *Prunella vulgaris* Lippenblütengewächse *Lamiaceae (Labiatae)*

Mai – Okt. 10 – 20 cm ♃

B: Dichter, kopfig-ähriger Blütenstand: Quirle in den Achseln halbkreisförmiger Hochblätter. Unmittelbar darunter das erste Paar der gegenständigen, gestielten, eiförmigen Laubblätter.
SV: Wiesen, Rasen, Ufer, Waldwege. Auf feuchten, nährstoffreichen Lehmböden. Sehr häufig.

Große Braunelle *Prunella grandiflora* Lippenblütengewächse *Lamiaceae (Labiatae)*

Juni – Aug. 5 – 25 cm ♃

B: Blüten in einer kopfigen, gedrungenen Ähre am Stengelende, 2 – 2,5 cm lang, violett. Oberlippe helmförmig. Kelch etwa 1/2 so lang wie die Blüte. Erstes Paar der Stengelblätter deutlich vom Blütenstand abgesetzt.
SV: Trockenrasen auf Kalkböden. Braucht Sommerwärme. Zerstreut.

Wiesen-Salbei *Salvia pratensis*
Lippenblütengewächse
Lamiaceae (Labiatae)
Mai – Juli 20 – 60 cm ♃

B: Etagenartig übereinanderstehende Blütenquirle bilden langgestreckte Ähren an allen Enden des verzweigten Stengels. Blüten um 2 cm lang, mit hochgewölbter Oberlippe. Blattrosette, wenige gegenständige Stengelblätter.
SV: Trockene Wiesen, Raine. Kalkhold. Häufig, im Norden selten.

Stein-Kölme *Acinos arvensis*
Lippenblütengewächse
Lamiaceae (Labiatae)
Juni – Aug. 10 – 30 cm ⊙ – ♃

B: Je 2 – 3 Blüten stehen in Halbquirlen im oberen Drittel des Stengels übereinander. Blüten 0,7 – 1 cm lang, violett. Stengel niederliegend, aufsteigend oder aufrecht. Blätter gegenständig, etwa 2 cm lang, eiförmig.
SV: Trockenrasen, Bahnschotter, Wegränder. Zerstreut.

Alpenhelm *Bartsia alpina*
Braunwurzgewächse
Scrophulariaceae
Juni – Aug. 5 – 20 cm ♃

B: Blüten kopfig gedrängt, einzeln in den obersten Blattachseln sitzend, 1,5 – 2,5 cm lang, wie ihre Tragblätter dunkelviolett. Blätter kreuzgegenständig, eiförmig, behaart, gekerbt.
SV: Flachmoore, alpine Matten. Halbschmarotzer. Kalkhold. Feuchtezeiger. Ab 1000 m; zerstreut.

Zimbelkraut *Cymbalaria muralis* Braunwurzgewächse *Scrophulariaceae*

Juni – Aug. 30 – 60 cm ♃

B: Blüten einzeln auf langen Stielen in den Achseln der Blätter, etwa 7 mm lang, hellviolett mit gelbem Gaumen. Sporn kurz, stumpf, etwa halb so lang wie die Blüte. Stengel niederliegend, hängend. Blätter herzförmig.
SV: Felsen, Mauern, Steinschutt, steinige Rasen. Zerstreut.

Gemeines Fettkraut *Pinguicula vulgaris* Wasserschlauchgewächse *Lentibulariaceae*

Mai – Juni 5 – 15 cm ♃

B: Blüten einzeln auf dicklichen, grundständigen Stielen, etwa 2 cm lang, gespornt. Grundblattrosette. Blätter zungenförmig, gelblich, mit eingerolltem Rand, klebrig (Kleintiere werden geleimt und verdaut: „fleischfressende Pflanze!").
SV: Moore, nasse Felsspalten. Vor allem in Hochlagen; selten.

Gewöhnliche Kugelblume *Globularia punctata* Kugelblumengewächse *Globulariaceae*

Mai – Juli 5 – 30 cm ♃

B: Zahlreiche Blüten sitzen in einem abgeplattet-kugeligen Köpfchen, das nicht von Hüllblättern umgeben ist. Köpfchen 1 – 1,5 cm im Durchmesser. Blüten etwa 7 mm lang. Stengel dicht beblättert. Überdies Rosettenblätter.
SV: Trockenrasen, lichte Wälder. Nur auf Kalk. Sehr selten.

Tauben-Skabiose *Scabiosa columbaria* Kardengewächse *Dipsacaceae*

Juni – Okt. 30 – 60 cm ⊙–♃

B: Köpfchen, von Hüllblättern umgeben. Randblüten stark vergrößert, ungleich 5zipflig. Stengel aufrecht. Blätter gegenständig, fiederteilig, schmalzipfelig.
SV: Trockenrasen, Wegraine, auch in Feuchtwiesen. Braucht Sommerwärme und kalkreiche, nicht zu nährstoffreiche Lehmböden. Düngerscheu. Häufig, im Norden selten.

Acker-Witwenblume *Knautia arvensis* Kardengewächse *Dipsacaceae*

Juni – Okt. 30 – 70 cm ♃

B: Blüten in einem flachen Köpfchen, das von Hüllblättern umgeben wird. Randblüten größer als die inneren Blüten, lila, violett oder rosaviolett. Stengel unter dem Blütenköpfchen deutlich abstehend behaart. Wenigstens obere Blätter fiederteilig.
SV: Wiesen, Trockenrasen, Wegraine, Ödland. Sehr häufig.

Wald-Witwenblume *Knautia dipsacifolia* Kardengewächse *Dipsacaceae*

Juni – Sept. 30 – 100 cm ♃

B: Köpfchen, von Hüllblättern umgeben. Randblüten vergrößert, ungleich 4zipflig. Stengel aufrecht. Blätter gegenständig, breitlanzettlich, gesägt, stark behaart.
SV: Wälder, alpine Weiden und Gebüsche. Braucht feuchte, humusreiche Böden im naß-kühlen Sommerklima. Im Bergland zerstreut.

Breitblättriger Rohrkolben
Typha latifolia
Rohrkolbengewächse
Typhaceae
Juni – Aug. 90 – 250 cm ♃

B: Der (dünne) männliche Kolben sitzt dem etwa gleich langen (dunkelbraunen, dicken) weiblichen Kolben unmittelbar auf. Unterer Kolben zuletzt samtig schwarzbraun. Blätter grasartig, 1 – 2 cm breit. Bestandbildend.
SV: Röhricht, Gräben, Naßstellen auf Ödland. Zerstreut.

Einbeere *Paris quadrifolia*
Liliengewächse *Liliaceae*
Mai – Juni 15 – 30 cm ♃

B: Nur 1 endständige Blüte, 4 abstehende, grüne Kelchblätter, 4 ausgebreitete, schmälere, gelb-grüne Blütenblätter. Stengel aufrecht mit einem meist 4zähligen Quirl breitlanzettlicher Blätter. Beere blauschwarz (giftig!).
SV: Wälder. Auf schattigen, nährstoffreichen feuchten oder grundwassernahen Böden. Häufig.

Schwimmendes Laichkraut
Potamogeton natans Laichkrautgewächse *Potamogetonaceae*
Juni – Aug. 50 – 150 cm ♃

B: Blüten in einer bis 8 cm langen Ähre, die bis zu 10 cm durch einen Stengel über die Wasseroberfläche gehoben wird. Blüten unscheinbar. Blätter eiförmig, auf dem Wasser schwimmend, doppelt so lang wie breit.
SV: Schwimmpflanzengürtel stehender Gewässer. Zerstreut.

Kleine Wasserlinse *Lemna minor* Wasserlinsengewächse *Lemnaceae*

April – Mai 0,2 – 1 cm ♃

B: Blüten äußerst selten, sehr klein, unscheinbar, mit 1 winzigen Hüllblatt. Blattartige, unten flache, 2 – 3 mm lange (Stengel)glieder schwimmen auf der Wasserfläche. Je 1 Wurzel. Pflanze 1 – 6gliedrig.
SV: Stehende oder träg fließende, nährstoffreiche Gewässer. Häufig, oft im Massenwuchs.

Aronstab *Arum maculatum* Aronstabgewächse *Araceae*

April – Juni 15 – 50 cm ♃

B: Blütenstand von einem hellen Hüllblatt umgeben, aus dem nur die gestielte Keule herausragt. In der Hülle sitzen oben die männlichen, unten die weiblichen Blüten. In der Hülle werden bestäubende Insekten eingesperrt.
SV: Wälder auf nährstoffreichen, lockeren Böden. Zerstreut.

Haselwurz *Asarum europaeum* Osterluzeigewächse *Aristolochiaceae*

April – Mai 5 – 10 cm ♃

B: Blüten einzeln in den Blattachseln, am Boden versteckt. Stengel kriechend, nach Pfeffer riechend. Blätter an aufrechten Stielen, grundständig, immergrün, nierenförmig, glänzend.
SV: Wälder. Auf kalkhaltigen, humus- und nährstoffreichen, gut feuchten, schattigen Lehmböden. Zerstreut, im Osten häufig.

Große Brennessel
Urtica dioica
Nesselgewächse *Urticaceae*
Juni – Okt. 60 – 150 cm ♃

B: Männliche und weibliche Blüten auf verschiedenen Individuen. Blütenrispen lang, hängend. Stengel aufrecht. Blätter gekreuzt gegenständig, länger als ihr Stiel, meist über 5 cm lang und 2 – 3mal länger als breit.
SV: Schuttplätze, Ödland, Gärten, Wälder. Sehr häufig.

Blut-Ampfer *Rumex sanguineus*
Knöterichgewächse *Polygonaceae*
Juni – Sept. 30 – 70 cm ♃

B: Blüten unscheinbar, in vielen Quirlen an allen Enden des verzweigten Stengels, höchstens die unteren mit Tragblättern. Blütenblätter bleichgrün-rötlich, je 1 pro Blüte mit 1 Warze. Blätter lanzettlich, gekerbt.
SV: Wälder, Ufergehölz. Nässezeiger; auf nährstoffreichen, schweren Lehm-/Tonböden. Zerstreut.

Krauser Ampfer *Rumex crispus*
Knöterichgewächse *Polygonaceae*
Juli – Aug. 30 – 100 cm ♃

B: Die obere Hälfte der Stengel und Äste ist quirlig-traubig dicht mit Blüten bestanden. Einzelblüten unscheinbar. Innere Blütenblätter grün, um 4 mm lang, mit einer deutlichen Verdickung (Schwiele). Blätter zungenförmig, am Rand deutlich wellig kraus.
SV: Schuttplätze, Wegränder, Ödland. Stickstoffliebend. Häufig.

Queller *Salicornia europaea*
Gänsefußgewächse
Chenopodiaceae
Aug. – Nov. 5 – 45 cm ⊙–⊙

B: Blüten unscheinbar, hinter Schüppchen an den verdickten Astenden. Pflanze blattlos, Stengel fleischig-glasig, gegliedert, reich verzweigt. Äste ± aufrecht.
SV: Watt, Schlickstellen, Salzsande. Oft zur Verlandung angepflanzt. Erträgt Meerüberflutung. Fast nur an der Küste, dort häufig.

Weißer Gänsefuß *Chenopodium album* Gänsefußgewächse *Chenopodiaceae*
Juli – Sept. 20 – 150 cm ⊙

B: Blüten in ährenähnlichen, knäueligen Teilblütenständen, die in einem reich verzweigten Gesamtblütenstand stehen, unscheinbar. Untere Knäuelährchen in den Blattachseln. Blütenknäuel mehlig bestäubt.
SV: Ödland, Gärten, Schutt, Wegränder. Sehr häufig. Vielgestaltig und formenreich.

Guter Heinrich *Chenopodium bonus-henricus* Gänsefußgewächse *Chenopodiaceae*
Mai – Aug. 10 – 60 cm ♃

B: Grüngelbe Knäuel aus unscheinbaren Blüten zu einer schmalen, endständigen Rispe vereint. Blätter spießförmig, am Rand oft wellig, stumpf grün, anfangs, wie der Stengel, mehlig bestäubt.
SV: Unkrautgesellschaften im Dorfbereich. Braucht ammoniakhaltige Böden. Wildgemüse. Zerstreut.

Spreizende Melde *Atriplex patula* Gänsefußgewächse *Chenopodiaceae*

Juli–Okt. 30–100 cm ⊙

B: Blüten in lockeren, ährenähnlichen, knäueligen Teilblütenständen, die in einem spreizend verzweigten Gesamtblütenstand stehen. Oberste Blätter schmallineal, nur untere rhombisch-gelappt, wechselständig.
SV: Ödland, Wegränder, Äcker, Gärten. Häufig.

Gemeiner Frauenmantel *Alchemilla vulgaris* Rosengewächse *Rosaceae*

Mai–Juni 20–70 cm ♃

B: Endständige Rispen. Blüten unscheinbar, klein, gebüschelt. Blätter im Umriß rundlich-nierenförmig, 7–11lappig, ringsum gezähnt. Nachts werden aus den Zähnen oft Wassertropfen abgesondert (Vorgang der Guttation!).
SV: Wiesen, Waldwege. Viele Rassen mit sehr verschiedenen Standortsansprüchen. Häufig.

Süße Wolfsmilch *Euphorbia dulcis* Wolfsmilchgewächse *Euphorbiaceae*

Mai–Juni 10–50 cm ♃

B: Blüten in einem doldenähnlichen, 3–5strahligen Gesamtblütenstand, unscheinbar. Drüsen am Hüllbecher erst grüngelb, dann rotgelb und schließlich purpurrot, rundlich-oval. Blätter länglich. Weißer Milchsaft. (S. auch S. 27 und 28.)
SV: Wälder, Gebüsche auf mullreichen Böden. Zerstreut.

Wald-Bingelkraut *Mercurialis perennis* Wolfsmilchgewächse *Euphorbiaceae*

April – Mai 15 – 30 cm ♃

B: Blattachselständige Ähren aus geknäuelten Blüten, männliche und weibliche auf getrennten Pflanzen. Stengel aufrecht, nur oben gegenständig beblättert. Blätter ei-lanzettlich, gekerbt, dunkelgrün, alle gestielt.
SV: Wälder. Auf nährstoffreichen, kalkhaltigen Lehmböden. Häufig.

Breit-Wegerich *Plantago major* Wegerichgewächse *Plantaginaceae*

Juni – Okt. 15 – 30 cm ♃

B: Blüten in einer langen Ähre, deren Stiel kürzer als die Blätter bleibt, unscheinbar. Staubblätter gelblichweiß, Pollensäcke rotviolett. Blätter in einer grundständigen Rosette aufsteigend oder schief aufrecht.
SV: Wege, Wegraine, vielbegangene Rasen, Wiesen, Ödland. Trittunempfindlich. Sehr häufig.

Spitz-Wegerich *Plantago lanceolata* Wegerichgewächse *Plantaginaceae*

Mai – Okt. 5 – 60 cm ♃

B: Endständige, kurzwalzliche Ähre. Blüten unscheinbar, Blütenblätter braun, Staubfäden lang, weißlich, später braun. Stengel blattlos, aufrecht, gefurcht. Grundblätter schmallanzettlich, parallelnervig, ganzrandig.
SV: Wiesen, Weiden, Wegränder, Schuttplätze. Sehr häufig.

Ampfer-Knöterich *Polygonum lapathifolium* Knöterichgewächse *Polygonaceae*

Juli – Okt. 20 – 80 cm ⊙

B: Blüten in dichten, walzlichen Ähren, unscheinbar, neben grünlich blühenden Exemplaren auch solche mit weißlichen oder roten Blüten. Stengel aufsteigend. Blattscheidenrand kahl oder nur kurz bewimpert. **SV**: Gräben, Ufer, feuchte Wege und feuchte Äcker. Häufig. Mehrere ähnliche Arten.

Stinkende Nieswurz *Helleborus foetidus* Hahnenfußgewächse *Ranunculaceae*

März – April 30 – 50 cm ♃

B: Rispig-überhängender Blütenstand. Blüten nickend, glockig, gelbgrün, oft mit rotem Saum. Stengel aufrecht. Blätter langstielig, wintergrün, derb, tief handförmig gespalten. Zipfel lang und schmal, am Rand gesägt.
SV: Trockenwälder, Raine. Frostempfindlich, kalkhold. Zerstreut.

Bach-Nelkenwurz *Geum rivale* Rosengewächse *Rosaceae*

April – Juni 20 – 50 cm ♃

B: In einem wenigblütigen, lockeren Blütenstand stehen 3 – 7 Blüten. Sie nicken. Auffällig sind an ihnen die rotbraunen Kelchblätter. Die Blütenblätter sind rosenrot oder gelblich. Blätter wechselständig, fiederteilig.
SV: Nasse Wiesen, Flachmoore, Gräben, lichte, grundwasserfeuchte Wälder. Sehr häufig.

Engelwurz *Angelica archangelica* Doldengewächse *Apiaceae (Umbelliferae)*

Juni – Juli 50 – 250 cm ☉

B: Zusammengesetzte Dolden. Hauptdolde 20 – 30strahlig. Stengel rund, hohl, oben ästig. Blätter 1 – 3fach fiederteilig, die Abschnitte eiförmig-lanzettlich, 5 – 8 cm lang. Blattscheiden bauchig.
SV: Ufer, Röhricht, feuchte Wälder. Alte Heilpflanze (Duft!). Wohl nur verwildert. Selten.

Tollkirsche *Atropa belladonna* Nachtschattengewächse *Solanaceae*

Juni – Juli 50 – 150 cm ♃

B: Blüten einzeln in den Achseln der oberen Blätter, grünlich-rot überlaufen, mit braunroten oder braunvioletten Zipfeln, 2 – 3 cm lang. Stengel aufrecht, sparrig verzweigt. Meist 1 großes und 1 kleines Blatt beieinander. Blätter herablaufend.
SV: Lichte Waldstellen. Häufig.

Moschuskraut *Adoxa moschatellina* Moschuskrautgewächse *Adoxaceae*

März – April 5 – 10 cm ♃

B: Langgestielte, fast würfelförmige Köpfchen mit wenigen gelbgrünen, etwa 5 mm breiten Blüten. Die Gipfelblüte ist 4zählig. Stengel aufrecht. Grundblätter gestielt, doppelt 3teilig.
SV: Feuchte Wälder, Ufergebüsch. Auf nährstoffreichen, meist kalkhaltigen Lehm- und Tonböden. Zerstreut, im Norden seltener.

Breitblättrige Sitter *Epipactis helleborine* Orchideengewächse *Orchidaceae*

Juni – Aug. 20 – 70 cm ♃

B: Blüten stehen in einer lockeren Traube. Lippe ohne Sporn, vorn quer eingeschnürt und dadurch deutlich zweiteilig. Blütenblätter neigen deutlich glockig zusammen. Blätter eiförmig, etwa doppelt so lang wie breit.
SV: Wälder. Auf lockerem Lehmboden. Zerstreut.

Großes Zweiblatt *Listera ovata* Orchideengewächse *Orchidaceae*

Mai – Juni 20 – 65 cm ♃

B: Lockere, langgestreckte Traube mit 20 – 40 grünlichen Blüten. Lippe zweilappig, lang herabhängend, ungespornt. Übrige Blütenblätter kugelig zusammenneigend. Stengel aufrecht, mit nur 2 gegenständigen, breiteiförmigen und ganzrandigen Blättern.
SV: Feuchte Wälder, Gebüsch, Raine, Bergwiesen. Zerstreut.

Nestwurz *Neottia nidus-avis* Orchideengewächse *Orchidaceae*

Mai – Juni 10 – 60 cm ♃

B: Vielblütige, dichte und langwalzliche Ähre. Blüten ohne Sporn. Unterlippe zweilappig, obere Blütenblätter halbkugelig zusammengeneigt. Stengel aufrecht. Blätter schuppig, schmal eiförmig. Ganze Pflanze gelbbraun.
SV: Wälder auf Kalkboden. Nutzt mit Hilfe von Pilzen die Nährstoffe im Mull aus. Zerstreut.

Honigorchis *Herminium monorchis* Orchideengewächse *Orchidaceae*

Mai – Juli 10 – 30 cm ♃

B: 10 – 30 Blüten sitzen mäßig dicht in schmaler Ähre. Blüten um 5 mm lang, nickend, spornlos, „zipfelig", gelbgrün, nach Honig duftend. Nur 2 grundständige Blätter, 2 – 5 cm lang, 0,5 – 1,5 cm breit, blaßgrün.
SV: Zumindest zeitweise feuchte Magerrasen auf Kalk, Flachmoore. Stark zurückgehend. Sehr selten.

Hummel-Ragwurz *Ophrys holosericea* Orchideengewächse *Orchidaceae*

Juni – Juli 15 – 30 cm ♃

B: Blüten in einer armblütigen (2 – 10 Blüten) lockeren Ähre. Äußere Blütenblätter ausgebreitet, weiß oder rosa. Lippe ohne Sporn, ziemlich flach, etwa so breit wie lang, hell oder tief braun, gelblich gezeichnet, an der Spitze mit einem aufwärts gebogenen Anhängsel.
SV: Trockenrasen. Sehr selten.

Spinnen-Ragwurz *Ophrys sphecodes* Orchideengewächse *Orchidaceae*

April – Juni 15 – 30 cm ♃

B: Lockere, oft einseitswendige Ähre aus 2 – 3(– 8) Blüten. Äußere Blütenblätter ausgebreitet, grünlich(gelb). Lippe ohne Sporn, ohne Anhängsel, samtig, gewölbt, rundlich; braun mit blauer, hufeisenähnlicher Zeichnung. Blätter wechselständig, länglich-eiförmig.
SV: Magerwiesen, lichte Trockenwälder. Kalkhold. Sehr selten.

Fliegen-Ragwurz *Ophrys insectifera* Orchideengewächse *Orchidaceae*

Mai – Juli 10 – 40 cm ♃

B: Blüten in einer armblütigen (2 – 15 Blüten) lockeren, fast einseitswendigen Ähre. Äußere Blütenblätter ausgebreitet, hell grün bis gelbgrün. Lippe ohne Sporn, samtig behaart, länger als breit, mit 2 schmalen Seitenlappen und zweilappigem Mittellappen, mit blaugrauem Fleck.
SV: Trockenrasen. Sehr selten.

Bienen-Ragwurz *Ophrys apifera* Orchideengewächse *Orchidaceae*

Juni – Juli 15 – 30 cm ♃

B: 1 – 10blütige, oft einseitswendige Ähre. Äußere Blütenblätter ausgebreitet, weiß-rötlich. Lippe ohne Sporn, samtig, gewölbt, länglich, vorn mit nach unten gebogenem Anhängsel; braun mit gelblicher Zeichnung. Blätter wechselständig, schmal eiförmig.
SV: Trockenraine, lichte Trockenwälder. Kalkhold. Sehr selten.

Ohnhorn *Aceras anthropophorum* Orchideengewächse *Orchidaceae*

Mai – Juni 20 – 30 cm ♃

B: Schmale, mäßig dichte und meist 5 – 15 cm lange Ähre. Blüten ohne Sporn. Äußere Blütenblätter neigen helmförmig zusammen (Helm etwa 5 mm Durchmesser), grün, rötlich geadert. Lippe etwa 1 cm lang, in schmale, kaum 1 mm breite Zipfel zerteilt.
SV: Trockenrasen und lichte Gebüsche auf Kalk. Sehr selten.

Bocks-Riemenzunge
Himantoglossum hircinum
Orchideengewächse *Orchidaceae*
April – Juni 20 – 80 cm ♃

B: Ähre 15 – 25 cm lang, nach Bock riechend. Äußere Blütenblätter zusammenneigend, hellgrün, rotrandig. Kurzer Sporn. Lippe mit 2 kurzen Seitenzipfeln, Mittellappen bandartig, gedreht, 5 – 7 cm lang, vorn 2(– 4)zähnig.
SV: Trockenraine, Gebüsch. Kalkhold. Fehlt im Norden. Sehr selten.

Geflügelte Braunwurz
Scrophularia umbrosa
Braunwurzgewächse
Scrophulariaceae
Juni – Aug. 20 – 120 cm ♃

B: Rispe pyramiden- oder eiförmig, locker oder mäßig dicht. Blüten um 7 mm lang. Stengel aufrecht oder aufsteigend, breit geflügelt (Flügel erreichen etwa 1/3 der Stengelbreite). Obere Blätter gesägt.
SV: Röhricht, Gräben, nasse, lichte Wälder. Zerstreut.

Knotige Braunwurz *Scrophularia nodosa* Braunwurzgewächse *Scrophulariaceae*
Juni – Sept. 60 – 140 cm ♃

B: Endständige Rispe. Blüten um 8 mm lang, trüb braunrot, bauchig, mit gerade vorgestreckter, 2lappiger Oberlippe. Stengel 4kantig, aufrecht. Blätter gegenständig, eiförmig, gesägt, gestielt.
SV: Wälder. Auf feuchten, nährstoffreichen, oft kalkarmen Lehm- und Tonböden. Zerstreut.

Pfaffenhütchen *Euonymus europaea* Spindelbaumgewächse *Celastraceae*

Mai 1 – 3 m ♄

B: Blüten in doldenartigen Blütenständen, mit 4 sternartig ausgebreiteten Blütenblättern, unscheinbar. Äste grün, vierkantig, ohne Warzen. Blätter 3,5 – 5 cm lang. Kapsel karminrot, Samen mit orangegelbem Mantel.
SV: Waldränder, Ufergestrüpp. Zerstreut.

Faulbaum *Frangula alnus* Kreuzdorngewächse *Rhamnaceae*

Mai – Juni 1 – 4 m ♄

B: Strauch. Doldenartige Blütenbüschel in den Blattachseln. Kaum 1/2 cm breite, grünlichweiße Blüten. Blätter wechselständig, eiförmig, ganzrandig, gestielt. Schwarze, kugelige Steinfrucht, unreif grün, dann rot.
SV: Wälder, Gebüsche, Schläge. Auf nährstoffarmen, sauren und feuchten Böden. Zerstreut.

Heidelbeere *Vaccinium myrtillus* Heidekrautgewächse *Ericaceae*

Mai – Juni 15 – 40 cm ♄

B: Blüten einzeln in den Blattachseln, kugelig-glockig, grün, doch meist rot überlaufen. An der Glockenmündung meist 5, gelegentlich nur 4 kleine Zipfel. Blätter sommergrün, länglich-eiförmig, spitz, schwach gekerbt, beiderseits grün.
SV: Wälder, Heiden. Auf nährstoff- und kalkarmen Böden. Häufig.

Stachelbeere *Ribes uva-crispa*
Steinbrechgewächse
Saxifragaceae
April – Mai 50 – 120 cm ħ

B: Bestachelter Kleinstrauch. Blüten zu 1 – 3 in den Blattachseln, glockig, hängend, grüngelb, oft rotbraun überlaufen. Blätter im Umriß rundlich, 3 – 5lappig. Beeren meist gut erbsengroß.
SV: Wälder, Steinschutthalden. Auf nährstoffreichen, feuchtschattigen Böden. Eine Stammform der Kultursorten. Zerstreut.

Berg-Ahorn *Acer pseudoplatanus*
Ahorngewächse *Aceraceae*
April 10 – 30 m ħ

B: Dichtblütige, 5 – 15 cm lange, hängende Trauben. Blüten sowohl männlich als auch zwittrig oder weiblich, kleiner als 1 cm im Durchmesser, unscheinbar. Blätter mit 5 Lappen, die kerbig gezähnt, aber nicht lang zugespitzt sind. Lappeneinschnitte spitz.
SV: Schluchtwälder, Auwälder. Auf feuchtem Boden. Zerstreut.

Efeu *Hedera helix*
Efeugewächse *Araliaceae*
Aug. – Okt. 0,5 – 20 m ħ

B: Kletterstrauch. Blüten grünlichgelb, in halbkugeligen Dolden. Blätter immergrün, glänzend, handförmig gelappt, in Blütennähe rautenförmig, alle gestielt. Frucht: blauschwarze Beere.
SV: Laubwälder, Felsen, Mauern. Auf nährstoffreichen Böden in luftfeuchtem Klima. Oft angepflanzt. Zerstreut bis 1200 m.

Gemeiner Froschlöffel *Alisma plantago-aquatica* Froschlöffelgewächse *Alismataceae*

Juni – Okt. 10 – 100 cm ♃

B: Blütenstand quirlig-rispig. Blüten kaum 1 cm im Durchmesser; Blütenblätter weiß, oft schwach rosa, mit gelbem Fleck am Grund, bald abfallend. Blätter in grundständiger Rosette, langstielig, eiförmig, derb.
SV: Ufer, Gräben, Röhricht, Naßwiesen. Zerstreut.

Schattenblümchen *Maianthemum bifolium* Liliengewächse *Liliaceae*

April – Juni 5 – 15 cm ♃

B: Blüten in lockerer Traube, die unten z.T. rispig ist. Blüten klein, schneeweiß. Meist nur 2 gestielte, herzförmige Blätter am Stengel. Blätter derb, ganzrandig, bogennervig. Früchte kugelige, rotglänzende Beeren.
SV: Schattige Wälder mit oberflächlich saurem, oft moosbewachsenem Boden. Zerstreut.

Lauchkraut *Alliaria petiolata* Kreuzblütengewächse *Brassicaceae (Cruciferae)*

Mai – Juni 20 – 100 cm ⊙–⊙

B: Erst doldenartig gedrängte, später langgestreckte Traube. Stengel aufrecht. Blätter wechselständig, nieren-herzförmig, gekerbt-buchtig gezähnt; riechen beim Zerreiben nach Knoblauch.
SV: Gebüsch, Wälder, Wege, Ödland, Geröll, Mauern. Stickstoffzeiger. Häufig, meidet Hochlagen.

Hederich

Raphanus raphanistrum
Kreuzblütengewächse
Brassicaceae (Cruciferae)

Juni – Aug. 30 – 60 cm ⊙

B: Lockere, oben doldenartig verbreiterte Traube. Blüten weiß oder hellgelb, mit gelblichen oder violetten Adern. Kelchblätter aufrecht. Stengel aufrecht, steifborstig. Blätter fiedrig zerteilt, obere lanzettlich.
SV: Äcker, Ödland, Schuttplätze, Gärten. Häufig.

Pfeilkresse *Cardaria draba*

Kreuzblütengewächse
Brassicaceae (Cruciferae)

Mai – Juli 20 – 50 cm ♃

B: Doldenartiger Gesamtblütenstand aus meist vielen langgestielten, blattachselständigen Trauben, wohlduftend. Blätter wechselständig, obere stengelumfassend, untere gestielt.
SV: Wege, Dämme, Schuttstellen, Erdaufschüttungen. Kalk- und stickstoffliebend. Zerstreut.

Rauhhaariges Schaumkraut

Cardamine hirsuta
Kreuzblütengewächse
Brassicaceae (Cruciferae)

März – Sept. 5 – 15 cm ⊙ – ⊙

B: Blüten in einer lockeren, oben doldenartig verbreiterten Traube, klein, um 5 mm im Durchmesser. Blütenblätter deutlich länger als die Kelchblätter. Gefiederte Grundblätter in einer Rosette. Stengel armblättrig.
SV: Äcker, Gärten, frische Zierrasen. Zerstreut.

Bitteres Schaumkraut *Cardamine amara* Kreuzblütengewächse *Brassicaceae (Cruciferae)*

April – Mai 5 – 30 cm ♃

B: Gedrängte Trauben. Blüten etwa 1 cm breit, mit purpurvioletten Staubbeuteln. Stengel markerfüllt, meist aufsteigend. Blätter unpaarig 1 – 2fach gefiedert.
SV: Bäche, Gräben, sickerfeuchte Geröllhalden, Bruch- und Auwald. Auf nährstoffreichen, wasserdurchzogenen Böden. Zerstreut.

Hirtentäschelkraut *Capsella bursa-pastoris* Kreuzblütengewächse *Brassiceae (Cruciferae)*

März – Okt. 20 – 40 cm ⊙ – ⊙

B: Lockere, oben doldig verbreiterte Traube. Blüten kaum 4 mm im Durchmesser, meist nicht voll geöffnet. Frucht mit der Spitze ansitzendes dreieckiges Schötchen. Grundblätter in einer Rosette, schrotsägefiederteilig.
SV: Gärten, Hackfruchtäcker, Ödland, Schuttplätze. Sehr häufig.

Acker-Hellerkraut *Thlaspi arvense*
Kreuzblütengewächse
Brassicaceae (Cruciferae)

Mai – Okt. 15 – 30 cm ⊙ – ⊙

B: Doldenartige, zur Fruchtreife stark verlängerte Trauben. Stengel aufrecht, kantig, oben oft ästig. Blätter länglich, am Grund pfeilförmig, meist buchtig gezähnt. Früchte rundlich, flach, breit geflügelt, vorn gekerbt.
SV: Äcker, Gärten, Wege, Schuttstellen. Lehmzeiger. Häufig.

Großes Hexenkraut *Circaea lutetiana* Nachtkerzengewächse *Onagraceae*

Juli – Aug. 20 – 60 cm ♃

B: Blüten in traubigen Teilblütenständen in den Achseln der oberen Blätter und am Ende des Stengels, klein, zuweilen rosa angelaufen. Blütenstiele ohne Tragblätter. Blätter gegenständig, eiförmig, matt, behaart.
SV: Wälder auf feuchten Lehmböden. Bestandbildend. Häufig.

Wald-Meister *Galium odoratum* Rötegewächse *Rubiaceae*

Mai – Juni 10 – 30 cm ♃

B: Doldenartiger, gabeliger Blütenstand am Ende des aufrechten, unverzweigten Stengels. Blätter länglich-eiförmig, in mehreren 6 – 8zähligen Quirlen. Typischer „Waldmeisterduft", vor allem beim Welken (Bowlenkraut!).
SV: (Laub-)Wälder. Auf nährstoffreichen, schwach feuchten, lockeren Mullböden. Häufig.

Wiesen-Labkraut *Galium mollugo* Rötegewächse *Rubiaceae*

Mai – Aug. 30 – 100 cm ♃

B: Reichblütige Rispe. Blütenzipfel abgespreizt, vorn gerundet mit aufgesetzter Grannenspitze. Stengel aufsteigend-aufrecht. Blätter meist zu 8 quirlständig, schmal-lineal, spitz, 1nervig.
SV: Wiesen, Wegränder, Gebüsch. Auf nicht zu trockenen, nährstoffreichen, oft kalkhaltigen Lehmböden. Sehr häufig.

Bayerisches Vermeinkraut
Thesium bavarum
Sandelgewächse
Santalaceae
Juni – Aug. 30 – 80 cm ♃

B: Blüten in einer sparrigen, kurzästigen Rispe. Unter jeder Blüte 3 kleine Blättchen. Stengel aufrecht, verzweigt. Blätter schmal, bläulichgrün, mit meist 3, seltener 5 Längsnerven.
SV: Waldränder, lichte Bergwälder und trockene Gebüsche auf Kalkboden. Selten.

Vogel-Sternmiere *Stellaria media*
Nelkengewächse *Caryophyllaceae*
März – Okt. 8 – 60 cm ⊙

B: Wenige blattachselständige Blüten. Blütenblätter kaum länger als der Kelch, vorn tief eingekerbt. Stengel niederliegend, rundlich, mit 1 Längsreihe von Haaren. Blätter gegenständig, eiförmig, untere gestielt.
SV: Äcker, Gärten, Wegränder, Schuttstellen, auch in Wäldern. Überdüngungszeiger. Sehr häufig.

Echte Sternmiere
Stellaria holostea
Nelkengewächse *Caryophyllaceae*
April – Mai 15 – 30 cm ♃

B: Blüten sehr locker doldenartig angeordnet. Blütenblätter 1 – 1,5 cm lang, bis etwa zur Mitte gespalten. Stengel aus meist knickigem Grund aufgebogen, kantig. Blätter gegenständig, lanzettlich, sitzend, starr.
SV: Wälder, Gebüsche. Auf Lehmböden. Bestandbildend. Zeiger für Eichen-Laubwaldböden. Häufig.

Acker-Hornkraut *Cerastium arvense* Nelkengewächse *Caryophyllaceae*

April – Juni 10 – 30 cm ♃

B: Endständiger, doldenartiger Blütenstand. Blütenblätter um 1 cm lang, vorn tief ausgerandet, viel länger als der Kelch. Blätter gegenständig, länglich-lanzettlich. Pflanze dicht und kurz behaart, schwach drüsig-klebrig.
SV: Äcker, Raine, Wege, Mauern, Dünen, Felsschutt. Zerstreut.

Weißes Leimkraut *Silene alba* Nelkengewächse *Caryophyllaceae*

Mai – Okt. 20 – 100 cm ⊙ – ♃

B: Jeweils 3 Blüten in langgestielten, knäueligen Teilblütenständen in den Achseln der obersten Blätter. Blütenblätter auf etwa 3/4 ihrer Länge eingeschnitten. Ringförmiges „Krönchen" in der Blütenmitte. Kelch bauchig. Stengel gabelig verzweigt.
SV: Ödland, Schuttplätze, Gebüsche, Raine. Zerstreut.

Taubenkropf-Leimkraut *Silene vulgaris* Nelkengewächse *Caryophyllaceae*

Juni – Aug. 20 – 50 cm ♃

B: Lockere, fast doldenartige Rispe. Blütenblätter vorn tief eingeschnitten; Kelch bauchig aufgetrieben, netzaderig, mit 20 Längsnerven. Blätter gegenständig, eiförmig-lanzettlich. Ganze Pflanze kahl, graugrünlich.
SV: Äcker, Raine, Wege, Geröll, Felsen, lichte Gehölze. Häufig.

Echtes Seifenkraut *Saponaria officinalis* Nelkengewächse *Caryophyllaceae*

Juli – Sept. 30 – 60 cm ♃

B: Blüten in kurzen Rispen am Ende des Stengels und der Äste. Blütenblätter flach ausgebreitet, vorne nur schwach ausgerandet, am Schlund mit 2 Zähnchen. Stengel aufrecht, oft rötlich überlaufen. Blätter gegenständig.
SV: Ufer, Ödland, Wege, Mauern. Grundwasserliebend. Zerstreut.

Eisenhutblättriger Hahnenfuß *Ranunculus aconitifolius* Hahnenfußgewächse *Ranunculaceae*

Mai – Juli 20 – 120 cm ♃

B: Sehr lockere Rispe. Blüten lang gestielt, 1 – 2 cm breit. Stengel aufrecht. Grundblätter lang gestielt, Stengelblätter wechselständig, sitzend. Blattfläche handförmig 3 – 7teilig gelappt.
SV: Naßwiesen, Bäche, Gebüsche, Wälder. Auf nährstoffreichen Böden im Bergland. Zerstreut.

Flutender Hahnenfuß *Ranunculus fluitans* Hahnenfußgewächse *Ranunculaceae*

Juni – Aug. 1 – 6 m ♃

B: Blüten stehen einzeln an langen Stielen, durch die sie aus dem Wasser hervorgehoben werden. Stengel lang flutend. Nur untergetauchte Blätter, die mehrfach in 7 – 10 cm lange, pinselartig flutende Zipfel zerspalten sind.
SV: Nur in fließenden, kühlen Gewässern. Häufig.

Rundblättriger Sonnentau
Drosera rotundifolia Sonnentaugewächse *Droseraceae*
Juli – Aug. 7 – 20 cm ♃

B: Wenigblütige Ähre an langem, blattlosen Stengel, der inmitten einer Grundblattrosette steht. Blätter gestielt, Blattfläche rundlich, mit rötlichen Stieldrüsen. Fleischfressende Pflanze, Blätter sind Insektenfangorgane.
SV: Nährstoffarme (Hoch-)Moore. Selten; im Norden zerstreut.

Herzblatt *Parnassia palustris* Steinbrechgewächse *Saxifragaceae*
Juli – Sept. 5 – 45 cm ♃

B: Blüten einzeln, 1 – 2,5 cm im Durchmesser, mit 5 normalen und 5 zur Insektenanlockung umgewandelten Staubblättern. Stengel kantig, aufrecht. Im unteren Stengeldrittel sitzt 1 Blatt dem Stengel herzförmig an. Grundblätter gestielt, herzförmig.
SV: Sumpfwiesen, Steinschutthalden. Kalkliebend. Selten.

Knöllchen-Steinbrech *Saxifraga granulata* Steinbrechgewächse *Saxifragaceae*
Mai – Juni 15 – 40 cm ♃

B: Doldenartige Rispe am aufrechten, armblättrigen Stengel. Grundblätter gestielt, rundlich-nierenförmig, grob gezähnt. Am Stengelgrund zwiebelartige Fortpflanzungsknöllchen.
SV: Raine, mäßig feuchte Wiesen, Wälder (selten). Etwas kalkscheu. Vor allem im Hügelland. Zerstreut.

Wald-Erdbeere *Fragaria vesca*
Rosengewächse *Rosaceae*
Mai – Juni 5 – 20 cm ♃

B: 3 – 10 Blüten, von denen meist nur 1 erblüht ist, sitzen in einem lokkeren, doldenartigen Blütenstand. Blütenblätter nicht ausgerandet, sich seitlich berührend. Stengel aufrecht, unten abstehend, oben anliegend behaart. Blätter nur unterseits seidenhaarig, dreiteilig, grob gesägt.
SV: Wälder, Kahlschläge. Häufig.

Erdbeer-Fingerkraut *Potentilla sterilis* Rosengewächse *Rosaceae*
April – Mai 5 – 10 cm ♃

B: Erdbeerähnlich, aber Stengel niederliegend – aufsteigend mit 1 – 3 Blüten. Ihre Blütenblätter, kaum länger als der Kelch, berühren sich seitlich nicht. Blätter 3zählig, bläulichgrün, beidseits behaart: mit Silbersaum!
SV: Wälder, Gebüsche, moosige Raine, Mauern. Kalkscheu, feuchteliebend. Häufig, im Norden selten.

Geißbart *Aruncus dioicus*
Rosengewächse *Rosaceae*
Mai – Juli 90 – 200 cm ♃

B: Zahlreiche unscheinbare Blüten stehen in einer reich verzweigten Rispe. Auf ein und demselben Individuum meist nur Blüten eines Geschlechts; männliche Blüten elfenbeinweiß, 4 mm breit, weibliche milchweiß, um 3 mm breit. Blätter doppelt dreizählig gefiedert.
SV: Schattige Wälder, feuchte Schluchten, Bachgehölze. Selten.

Echtes Mädesüß *Filipendula ulmaria* Rosengewächse *Rosaceae*

Juni – Aug. 1 – 2 m ♃

B: Knäuelig-ästige Rispe mit vielen, stark duftenden, etwa 1 cm breiten Blüten. Stengel aufrecht, kantig, kahl. Stengelblätter wechselständig, unpaarig gefiedert; zwischen den größeren Seitenfiedern jeweils viel kleinere.
SV: Sumpfwiesen, Gräben, Ufer, feuchte Gehölze. Auf nassen, nährstoffreichen Böden. Häufig.

Wald-Sauerklee *Oxalis acetosella* Sauerkleegewächse *Oxalidaceae*

April – Mai 8 – 15 cm ♃

B: Blüten einzeln auf langen, grundständigen Stielen, um 2 cm im Durchmesser, rotviolett geadert. Blütenblätter am Grund mit einem gelben Fleck. Blätter kleeähnlich, dreiteilig, mit herzförmigen Teilblättchen, die bei starker Belichtung abgesenkt werden und zerstreut behaart sind.
SV: Schattige Wälder. Häufig.

Giersch, Geißfuß *Aegopodium podagraria* Doldengewächse *Apiaceae (Umbelliferae)*

Juni – Juli 30 – 100 cm ♃

B: Flache, zusammengesetzte Dolde mit etwa 15 Strahlen, Hülle und Hüllchen fehlen. Stengel aufrecht, furchig, hohl, wenig beblättert. Zahlreiche Grundblätter, 3teilig-doppelt 3teilig, Teilblättchen eiförmig, scharf gesägt.
SV: Ufer, feuchtschattige Gehölze und Gärten. Sehr häufig.

Wiesen-Kerbel *Anthriscus sylvestris* Doldengewächse *Apiaceae (Umbelliferae)*

April – Aug. 70 – 130 cm ♃

B: Blüten in Dolden und Döldchen. Dolde mit 8 – 16 Strahlen, ohne Hülle. Hüllchen vorhanden, Hüllchenblätter bewimpert. Blütenblätter an der Spitze ausgerandet oder abgerundet. Blätter doppelt bis 3fach fiederteilig.
SV: Wiesen, Baumwiesen, Gebüsche, Wegraine. Sehr häufig.

Wiesen-Bärenklau *Heracleum sphondylium* Doldengewächse *Apiaceae (Umbelliferae)*

Juni – Okt. 30 – 150 cm ♃

B: Zusammengesetzte Dolde mit 15 – 30 Strahlen, Randblüten vergrößert, Hüllchenblätter zahlreich. Stengel aufrecht, gefurcht, steifhaarig. Blätter groß, meist 3 – 4fach fiederschnittig, rauh.
SV: Wiesen, Ufer, Gebüsche, Auwälder. Überdüngungszeiger. Saft verursacht Hautreizungen. Sehr häufig.

Wilde Möhre *Daucus carota* Doldengewächse *Apiaceae (Umbelliferae)*

Juli – Okt. 30 – 60 cm ⊙

B: Blüten in Dolden und Döldchen. Dolde anfangs nestartig, dann flach, fruchtend wieder nestartig. Mittelblüte der Dolde oft schwarzpurpurn. Stengel furchig, hohl. Blätter 2 – 3fach fiederteilig.
SV: Trockenrasen, Wiesen, Wegraine, Ödland. Sehr häufig. Stammform der Gartenmöhre (Karotte).

Wald-Brustwurz *Angelica sylvestris* Doldengewächse *Apiaceae (Umbelliferae)*

Juli – Sept. 50 – 200 cm ♃

B: Zusammengesetzte Dolde mit 20 – 40 Strahlen. Hüllchenblätter zahlreich. Stengel aufrecht, dick, hohl, bereift, blau-rot. Blätter mehrfach gefiedert, Zipfel eiförmig, 1 – 3 cm breit, gesägt. Blattscheiden bauchig aufgetrieben.
SV: Auwälder, Ufer, Feuchtwiesen. Nährstoffzeiger. Häufig.

Rundblättriges Wintergrün *Pyrola rotundifolia* Wintergrüngewächse *Pyrolaceae*

Juni – Juli 15 – 30 cm ♃

B: Wenigblütige, lockere und allseitswendige Traube. Blüten weitglockig, nickend; der Griffel ragt aus der Blüte hervor. Stengel aufrecht, stumpfkantig. Blätter rosettenständig, dunkelgrün, derbledrig, fast rund, fein gekerbt.
SV: Wälder. Auf kalkarmen, humusreichen Lehmböden. Selten.

Fieberklee *Menyanthes trifoliata* Fieberkleegewächse *Menyanthaceae*

Mai – Juni 15 – 30 cm ♃

B: Dichte Traube auf blattlosem Stiel. Blüten auffällig bebärtet, die Knospen rot. Blätter grundständig, langstielig, 3teilig, derb-dicklich. Teilblättchen eiförmig, bis 10 cm lang.
SV: Moore, Ufer, Gräben, Bruchwälder, Tümpel – oft ins Seichtwasser vordringend. Kalkscheu. Im Norden zerstreut, sonst selten.

Schwalbenwurz *Vincetoxicum hirundinaria* Schwalbenwurzgewächse *Asclepiadaceae*

Juni – Aug. 30 – 60 cm ♃

B: Gedrungene Rispe mit knäuelartig-quirlig gehäuft stehenden Blüten, die 8 – 10 mm im Durchmesser erreichen. Frucht schotenartig; schopfig behaarte Flugsamen. Stengel aufrecht oder windend. Blätter gegenständig.
SV: Trockene Wälder und Gebüsche, Raine, Felsen. Zerstreut.

Ufer-Zaunwinde *Calystegia sepium* Windengewächse *Convolvulaceae*

Juni – Okt. 1 – 3 m ♃

B: Blüten einzeln, kurzgestielt in den Blattachseln, 3,5 – 6 cm lang, trichterig, seicht 5lappig. Stengel windend. Blätter wechselständig, gestielt, am Grund pfeilförmig.
SV: Feuchte Gebüsche, Waldränder, Auwälder, Ufer, Röhricht, Zäune, Schuttstellen. Auf nährstoffreichen Böden. Häufig (bis 700 m).

Mehlige Königskerze *Verbascum lychnites* Braunwurzgewächse *Scrophulariaceae*

Juni – Okt. 50 – 130 cm ⊙

B : Sehr gedrungene Rispe, die wie eine zusammengesetzte Ähre wirkt, an der die Blüten büschelig ansitzen. Blüten 1 – 1,5 cm im Durchmesser, flach, zuweilen hellgelb. Staubfäden dicht weißwollig. Ganze Pflanze mehlig behaart.
SV: Raine, Bahn- und Straßendämme, Waldränder. Häufig.

Zwerg-Holunder *Sambucus ebulus* Geißblattgewächse *Caprifoliaceae*

Juni – Juli 50 – 150 cm ♃

B: Endständiger, flach doldenartiger Blütenstand. Stengel steif aufrecht, unverzweigt. Blätter gegenständig, 1(–2)fach gefiedert; Teilblättchen eiförmig, am Rand gesägt. Schwarze Beeren.
SV: Wälder, Gebüsche, Staudenfluren. Kalkhold. Auf feuchten, nährstoffreichen Böden. Im Süden zerstreut, im Norden selten.

Rote Zaunrübe *Bryonia dioica* Kürbisgewächse *Cucurbitaceae*

Juni – Sept. 50 – 400 cm ♃

B: Blüten in wenigblütigen, blattachselständigen Trauben. Männliche und weibliche Blüten auf verschiedenen Individuen. Männliche Blüten um 1 cm, weibliche um 5 mm im Durchmesser. Stengel klettert mit einfachen Ranken.
SV: Wege, Zäune, Mauern, Gebüsche. Auf Kalkböden. Selten.

Ährige Teufelskralle *Phyteuma spicatum* Glockenblumengewächse *Campanulaceae*

Mai – Aug. 30 – 100 cm ♃

B: Dichte, walzliche Ähre. Blüten zuerst krallenartig nach oben gekrümmt, (gelblich)weiß. Stengel aufrecht, spärlich wechselständig beblättert. Blätter eiförmig, untere lang gestielt, kaum länger als breit, alle gekerbt.
SV: Wälder, Wiesen (selten). Kalkhold. Häufig, im Norden selten.

Ästige Graslilie *Anthericum ramosum* Liliengewächse *Liliaceae*

Juni – Aug. 30 – 80 cm ♃

B: Sehr lockere Rispe. Blüten 2 – 3 cm breit, sternförmig entfaltet, mit langem, geradem Griffel. Stengel aufrecht, meist etwas schräg wachsend. Grundblätter grasartig.
SV: Trockenrasen, lichte, trockene Wälder und Gebüsche. Nur auf kalkreichen, sommerwarmen Böden. Bestandbildend. Selten.

Bären-Lauch *Allium ursinum* Liliengewächse *Liliaceae*

April – Juni 15 – 30 cm ♃

B: Doldenartiger Blütenstand auf blattlosem Stengel, vor dem Aufbrechen von weißen Hüllblättern schmalzwiebelig umschlossen. Blätter grundständig, maiglöckchenartig, aber mit Knoblauchgeruch.
SV: Wälder, Gebüsche, Parks. Auf nährstoff- und humusreichen, feuchtschattigen Böden. Häufig, oft in Massenwuchs.

Vielblütige Weißwurz *Polygonatum multiflorum* Liliengewächse *Liliaceae*

Mai – Juni 30 – 60 cm ♃

B: Blüten stehen in kleinen Büscheln zu 2 – 5 übergebogen in den Achseln der mittleren und oberen Blätter. Blüten lang-schmalglockig, mit 6 ausgebogenen Zipfeln am Glokkensaum, weißlichgrün. Stengel rund, übergebogen.
SV: Wälder, Gebüsche. Auf kalkhaltigem Lehmboden. Häufig.

Maiglöckchen *Convallaria majalis* Liliengewächse *Liliaceae*

Mai – Juni 15 – 25 cm ♃

B: Endständige, einseitswendige Traube auf blattlosem Stiel. Blüten nickend, glockig mit 6 abspreizenden Zipfelchen. Meist 2 kurzgestielte Grundblätter, eiförmig-länglich, ganzrandig, parallelnervig. Rote Beeren.
SV: Wälder, Gebüsche, alpine Matten. Häufig, oft in größeren Beständen, gern blühunwillig.

Busch-Windröschen *Anemone nemorosa* Hahnenfußgewächse *Ranunculaceae*

März – April 15 – 25 cm ♃

B: Blüten einzeln auf langen Stielen, die einem Hochblattquirl entspringen, 1,5 – 3 cm breit, außen oft rotviolett überlaufen. Am Stengel nur die 3 Hochblätter des Quirls. Daneben meist nur noch 1 Grundblatt.
SV: Wälder, Gebüsche, Wiesen. Bestandbildend. Sehr häufig.

Weiße Teichrose *Nymphaea alba* Teichrosengewächse *Nymphaeaceae*

Mai – Aug. 0,5 – 2,5 m ♃

B: Blüten an langen Stielen auf dem Wasser schwimmend, mit vielen Blütenblättern, weit offen, 10 – 20 cm breit. Narbe gelb. Große, rundliche Schwimmblätter mit tiefem Einschnitt; Stiele seilartig-rund.
SV: Stehende oder träg fließende, warme und schwach nährstoffhaltige Gewässer. Selten, öfters angepflanzt (auch Zierarten).

Echte Kamille *Matricaria chamomilla* Korbblütengewächse *Asteraceae (Compositae)*

Mai – Aug. 15 – 30 cm ⊙

B: Körbchen in lockeren Rispen, innen mit gelben Röhrenblüten, außen mit weißen Zungenblüten. Körbchenboden gewölbt, hohl, ohne Spreublätter. Stengel aufrecht, verzweigt, kahl. Blätter doppelt fiederteilig. Ganze Pflanze riecht aromatisch (Heilpflanze!).
SV: Äcker. Auf Lehm. Häufig.

Gänseblümchen *Bellis perennis* Korbblütengewächse *Asteraceae (Compositae)*

Feb. – Nov. 3 – 10 cm ♃

B: Einzelne, endständige Körbchen auf blattlosen, grundständigen Stielen. Außen weiße oder rötlich überlaufene Zungen-, innen gelbe Röhrenblüten. Grundblätter rosettig, spatelig, am Rand meist gekerbt.
SV: Wiesen, Weiden, Rasen, Wege. Lichtbedürftig. Sehr häufig.

Silberdistel *Carlina acaulis* Korbblütengewächse *Asteraceae (Compositae)*

Juni – Sept. 3 – 40 cm ♃

B: Körbchen einzeln am Stengelende, 5 – 10 cm im Durchmesser, mit linealen, innen strahlend weißen Hüllblättern, die Zungenblüten vortäuschen. Körbchen nur mit Röhrenblüten. Stengel niederliegend bis aufsteigend. Blätter stachelig, tief fiederspaltig.
SV: Trockenrasen. Selten.

Gemeine Schafgarbe *Achillea millefolium* Korbblütengewächse *Asteraceae (Compositae)*

Juni – Okt. 15 – 50 cm ♃

B: Viele Körbchen bilden einen doldenartigen Gesamtblütenstand. Außen 4 – 5 breite, weiße bis rötliche Zungenblüten, innen gelblichweiße Röhrenblüten. Blätter wechselständig, doppelt gefiedert, Zipfel schmal, 2 – 5spaltig.
SV: Wiesen, Weiden, Raine, Äcker, Wege. Formenreich. Sehr häufig.

Sumpf-Schafgarbe *Achillea ptarmica* Korbblütengewächse *Asteraceae (Compositae)*

Juli – Sept. 30 – 70 cm ♃

B: Körbchen in doldenartig verbreiterter Rispe, um 1,5 cm im Durchmesser. Zungenblüten weiß oder elfenbeinfarben, die Röhrenblüten schmutzig weiß. Stengel aufrecht. Blätter ungeteilt, lanzettlich, gesägt.
SV: Feuchte Wiesen, Gräben, Ufer. Zerstreut.

Weiße Wucherblume, Margerite *Leucanthemum vulgare* Korbblütengewächse *Asteraceae (Compositae)*

Mai – Okt. 30 – 60 cm ♃

B: Langgestielte, endständige Körbchen am aufrechten, wenig verzweigten Stengel. Außen längliche, weiße Zungen-, innen gelbe Röhrenblüten. Geruch herb. Blätter wechselständig, untere gestielt, gezähnt, obere gesägt.
SV: Wiesen, Raine, Ödland, Wege, Trockengehölze. Sehr häufig.

Berg-Waldhyazinthe *Platanthera chlorantha* Orchideengewächse *Orchidaceae*

Mai – Juli 20 – 40 cm ♃

B: Reichblütige, lockere Traube. Blüten duftend, um 2 cm breit. Lippe schmal, ungeteilt. Sporn gerade, hinten dicklich. Staubbeutel nach unten auseinander spreizend. Stengel aufrecht, mit meist zwei grundständigen Blättern.
SV: Lichte Wälder, feuchte Wiesen. Auf Kalk. Zerstreut.

Bleiches Waldvögelein *Cephalanthera damasonium* Orchideengewächse *Orchidaceae*

Mai – Juli 20 – 50 cm ♃

B: Beblätterte, 3 – 8blütige Ähre. Blüten ungespornt, elfenbeinweiß, durch zusammenneigende Blütenblätter eiförmig spitz. Laubblätter eiförmig, ganzrandig, spiralig wechselständig.
SV: (Berg-)Wälder. Auf kalkhaltigen, Mullböden. Zerstreut, im Norden und über 1000 m sehr selten.

Weiß-Klee *Trifolium repens* Schmetterlingsblütengewächse *Fabaceae (Leguminosae)*

Mai – Sept. 20 – 40 cm ♃

B: Blüten in einem kugelig-eiförmigen Köpfchen, das meist deutlich aus den Blättern hervorgehoben wird. Kelch mit 10 Nerven. Stengel niederliegend, wurzelnd. Teilblättchen mit herzförmig ausgerandeter Spitze.
SV: Rasen aller Art, oft ausgesät. Trittfest. Sehr häufig.

Weißer Steinklee *Melilotus alba*
Schmetterlingsblütengewächse
Fabaceae (Leguminosae)

Juli – Sept. 30 – 130 cm ⊙

B: Viele reichblütige, einseitswendige Trauben in den oberen Blattachseln. Stengel aufrecht, reichverzweigt. Blätter wechselständig, 3zählig. Teilblättchen verkehrt-eiförmig, gezähnt.
SV: Wegraine, Böschungen, Bahndämme, Kiesbänke, Ödland. Auf trockenwarmen Böden. Häufig.

Weiße Taubnessel *Lamium album*
Lippenblütengewächse
Lamiaceae (Labiatae)

April – Okt. 30 – 60 cm ♃

B: 5 – 8 Blüten stehen quirlartig in den Achseln der oberen Blätter. Oberlippe löffelförmig, Unterlippe zweilappig. Stengel vierkantig, aufrecht. Blätter brennesselähnlich, aber ohne Brennhaare, kreuzgegenständig.
SV: Wege, Schuttplätze, Ödland, Bahndämme, Mauern. Sehr häufig.

Wiesen-Augentrost *Euphrasia rostkoviana* Braunwurzgewächse
Scrophulariaceae

Juli – Okt. 5 – 25 cm ⊙

B: Endständige Ähren mit laubblattartigen, drüsigen Hochblättern. Stengel zahlreich, aufsteigend. Blätter kreuzgegenständig, eiförmig, grob gekerbt-gezähnt.
SV: Wiesen, Weiden, Raine. Etwas kalkscheu, düngerfliehend. Sehr formenreich; viele ähnliche Arten. Halbschmarotzer. Häufig.

Waldrebe *Clematis vitalba*
Hahnenfußgewächse
Ranunculaceae
Juni – Juli 2 – 10 m ♄

B: Blüten doldenartig in den Blattachseln. Kelchblätter blütenblattartig. Blüten 1 – 2 cm im Durchmesser. Viele Früchte in einem Fruchtstand. Früchte mit federig behaartem Schwanz. Stengel kletternd (Liane). Blätter gegenständig, gefiedert.
SV: Auwälder, Waldränder, Gebüsche. Auf Kalk. Zerstreut.

Roter Hartriegel
Cornus sanguinea
Hartriegelgewächse *Cornaceae*
Mai – Juni 3 – 5 m ♄

B: Strauch mit rutenförmigen, rotrindigen Zweigen. Flache, doldenartige Blütenstände. Blätter gegenständig, bogig-fiedernervig, eiförmig, ganzrandig. Früchte beerenartig, kugelig, schwarz.
SV: Wälder, Hecken. Auf nährstoffreichen, kalkhaltigen Böden in sonnenwarmer Lage. Sehr häufig, bis gegen 1000 m; auch gepflanzt.

Liguster *Ligustrum vulgare*
Ölbaumgewächse *Oleaceae*
Juni – Juli 1,5 – 3 m ♄

B: Blüten in einer reichblütigen, zunächst pyramidenförmigen Rispe, um 8 mm im Durchmesser, unangenehm riechend. Beeren kugelig, schwarz, glänzend. Blätter gekreuzt gegenständig, derb, ei-lanzettlich, ganzrandig.
SV: Lichte Laubwälder, Waldränder, Gebüsche. Oft als Hecke angepflanzt. Häufig.

Eingriffliger Weißdorn
Crataegus monogyna
Rosengewächse *Rosaceae*
Mai – Juni 1 – 10 m ♄

B: Meist Strauch, dornig und mit hellgrauer Rinde. Aufrechte, doldenartige Rispen. Stark riechend. Blätter wechselständig, tief gelappt, 3 – 5 spitze Lappen, vorn gesägt. Früchte rot, 1kernig.
SV: Wälder, Gebüsche, Felsen, auch als Hecke gepflanzt. Formenreich; ähnliche Arten. Häufig.

Schwarzdorn *Prunus spinosa*
Rosengewächse
Rosaceae
März – Mai 2 – 3 m ♄

B: Blüten vor den Blättern erscheinend, einzeln, aber oft büschelig gehäuft, 1 – 1,5 cm im Durchmesser. Schwarze, saure Steinfrucht (Schlehe). Knorriger Strauch mit schwärzlicher Rinde und dornigen Ästen. Blätter elliptisch, scharf gesägt.
SV: Gebüsche, Waldränder, Heiden, Wegränder. Sehr häufig.

Kriechende Rose *Rosa arvensis*
Rosengewächse *Rosaceae*
Juni – Juli 50 – 200 cm ♄

B: Kriechstrauch mit grünen, bogig niederliegenden oder kriechenden Zweigen, kräftig bestachelt. Blüten einzeln, gestielt, 3 – 6 cm breit, mit deutlich gestielten Griffeln. Blätter unpaarig gefiedert, 5 – 7teilig. Frucht eine rote Hagebutte.
SV: Lichte Waldstellen, Hecken. Auf leicht sauren Lehmböden. Häufig, gegen Nordosten seltener.

Register

G

H

S

Z